給

莫特曼

系統神學叢書

盼望猶存

基督教終末論的當代意義

包衡
哈特 合著

蔡錦圖 譯

基道出版社

▼

系統神學叢書

盼望猶存

基督教終末論的當代意義

Hope Against Hope

Christian Eschatology in Contemporary Context

作者
包衡 Richard Bauckham
哈特 Trevor Hart

翻譯
蔡錦圖

執行編輯
吳國雄

內文設計
陳琦

封面設計
胡立強

■

出版／發行
基道出版社
香港沙田火炭坳背灣街 26 號富騰工業中心 10 樓 1011 室
LOGOS PUBLISHERS
Unit 1011, 10/F., Fo Tan Ind. Centre, 26 Au Pui Wan St., Shatin, Hong Kong
電話：(852) 2687-0331　傳真：(852) 2687-0281
網址：https://www.logos.com.hk

承印
Cre8 Corp

●

9/2006 初版　12/2016 初版 POD 版
Cat. No. LP233B
ISBN-10: 962-457-315-8
ISBN-13: 978-962-457-315-2
Original Edition " Hope Against Hope:
Christian Eschatology in Contemporary Context"
First published in 1999 by Darton, Longman and Todd Ltd

刷次	10	9	8	7	6	5	4	3		
年份	2031	2030	2029	2028	2027	226	2025	2024	2023	2022

緒言

優秀的基督教神學必然深入而廣泛地取材於聖經和基督教的傳統,同時有創意地留意和關注它的獨特處境。本書是不可能完成於二十世紀行將結束之前的。它是屬於一個滿懷希望地尋找烏托邦式未來的非凡時代,同時在這時代中,現代的世俗終末論已不再可信,甚至對盼望存有敵意。在這樣的一個時代中,重新發現基督教盼望的完整和獨特的本質,就顯得相當重要。惟有再次證明和顯出上帝為天地萬物而設的盼望,才足以抗衡現今對未來的文化失落。鑑於這個目的,我們發現必須提出「**盼望猶存**」(hope against hope)——以在上帝創造主(把未來賜給其受造物)的超越(transcendent)可能性中的盼望,對抗在人類歷史的內在(immanent)可能性中的盼望,後者現今正威脅著未來,雖然它也應許創造未來。我們的時代要完全相信上帝,正如保羅所說的:「**在無可指望的時候,因信仍有指望**(... hoping against hope ....)」(羅四18)。

本書的意圖有三個主要特徵。首先,我們想從上帝在聖經的應許,以及基督教傳統挪用它們的種種方式中,重整基督教的盼望。其次,我們會診斷在千禧年交替之間當代西方文化的處境;千禧年是一個關鍵的時刻,既促使人們去思考未來,也暴露了現代人進步的意識型態之失敗和衰落,卻不知有何可以代替。第三,本書旨在恢復想像的範疇(category of imagination)在基督教終末論的重要角色,既探討終末論的陳述性質,也反省聖經與傳統給我們的終末性未來的主要形象(images)。我們認為基督教的盼望不是憑空想像的（imaginary），想像力（imaginative）卻不可少。

在建構性神學作品中（constructive theology），共同創作並不多見，正如我們在本書中嘗試在聖經研究與系統神學之間所作的科際研究。而寫作的樂趣之一，在於我們的想法，甚至我們的寫作方式，容易取得一致。我們互相影響著對方的思想，各自所寫的內容，又顯然完全一致，幾乎不用解決我倆之間的差異和分歧。本書的合撰非但沒有造成神學敵意（*odium theologicum*），撰寫的過程更增加了成果豐富的智性神學友誼（*amicitia theologica*）。假如書評者要追本溯源，把我們各自對本書的貢獻找出來，那麼我們會感到失望，並且會就自己能力所及，不為他們留下任何線索。在撰寫本書中，我們有幸摒棄了那一點點學者的個人主義，並激勵我們大多數神學家不要獨佔自己的工作。這正如我們所關注的，本書的最後形式，是完全屬於我倆的共同成果。

我們衷心感激賽克斯（Stephen Sykes），他邀約我們撰寫這系列書籍〔編按：指英文原著所屬的Trinity and Truth系列〕，而且對我們的文稿提供有益的建議。我們在本書中的積極合作，起源於一九九七年十一月往加州之旅，當時我們共同主領一個講座，題為「富於想像的盼望——望向未來的邏輯」（Imaginative Hope: The Logic of Looking Forward to the Future），分別在聖地牙哥的伯特利神學院（Bethel Seminary）、巴莎迪那市的富勒神學院（Fuller Theological Seminary）和亞蘇撒太平洋大學（Azusa Pacific University）舉行。在聖巴巴拉市的西蒙學院（Westmont College），我們其中一人以「邁向千禧年」（Approaching the Millennium）為題演講，是組成本書材料的初試啼聲。我們愉快地記得在加州那相當充實的一週，並且十分感激在所探訪的學院中讓我們感到賓至如歸的人，以及部分資助這次行程的聖馬利亞學院（St Mary's College）的芬德（Deas Fund）。一九九八年的林肯神學講座（Lincoln Lectures in Theology）系列是讓我們構成本書某些概念的另一次聯合講座；我們感謝懷特教士（Canon Vernon White）的邀請和摯誠招待。我們共同撰寫的論文「時間的形態」（The Shape of Time），於一九九九年在愛丁堡神學研究學會（Society for the Study of Theology in Edinburgh）的會議上發表，那是在本書完成之後立即撰寫的；它同時反映和擴展了我們在本書的思想。另一次有助本書觀念的機會是德魯講座（Drew Lectures），我們分別於一九九六年和一九九八年，各自在倫敦的司布真學院（Spurgeon's College）主領德魯講座；我們的感謝也給予邀請和招待我們參與這些樂事的人。我們在聖安德魯斯大學（St Andrews）和溫哥華維真學院（Regent College）教導「神學和想像」（Theology and Imagination）的課程，以致有機會探討和發展本書的某些概念；感謝那些對材料挑剔地接受的學生，他們有助成果的塑造。聖安德烈大學的週四午膳神學討論小組的組員，也與我們討論過本書的某些概念。布雷丁（Mark Bredin）為我們編輯本書索引。最後，我們思想的融合也受惠於聖馬利亞學院舒適的環境，以及聖安德烈大學的啤酒品質。

我們衷心感激莫特曼（Jürgen Moltmann），本書也是呈獻給他的，他對本書的影響，或許更能呈現於深入的結構而非字面之處。在本書所受的眾多影響中，他的影響可能是最廣泛的，儘管我們不能肯定他對於我們作品的影響，他本人究竟有多大認同。就在我們開始撰寫本書之前不久，我們已經一起研讀他的終末論，與他討論，而且撰寫了一部廣泛討論他近期終末論的作品。[1]在撰寫本書時，對於我們討論終末論的方式相對於他的著作而言，有一點新穎與不同，我們感到有點驚奇，其他人則可能會更強烈地感受到我們的作品的相似之處。不過無論如何，我們樂於承認，不只是此時在任何基督教終末論的嚴肅討論上，得以某程度上與莫特曼有毫無保留的對話，更在於我們這實例中，若沒有從他學習，與他的神學對話，我們的著作根本就不會存在。

註釋

1 R. Bauckham ed., *God Will Be All in All: The Eschatology of Jürgen Moltmann* (Edinburgh: T. & T. Clark, 1999)。本書專論莫特曼在他的 *The Coming of God,* tr. M. Kohl (London: SCM Press, 1996) 一書中的終末論。

目錄

1

世俗盼望的衰微

這傢伙稱為進步。不過，它毫無進步，哪裏也去不了。因為正當進步在前進之時，世界已經滑倒了。

斯威夫特 (Graham Swift)[1]

千禧年清點存貨

本書的最初一批讀者會相當意識到新一個千禧年的來臨。西方媒體無遠弗界，似乎不讓任何人忽略了千禧年的來臨。不過，即使沒有傳媒、廣告和政客天花亂墜的宣傳，公元二千年這個日子本身，對於任何習慣以世紀來計算年日的人來說，也難免有一定的魔力。

這股魔力的運作方式，比我們驟然想到的更微妙。初見之下，我們或許會猜想它只不過是日曆影響我們的把戲。就像我們的電腦晶片之所以可能在二〇〇〇年一月一日造成科技混亂，原因只不過是我們在程式設計時粗心大意一樣。我們所發明的計時方式，也照樣碰巧弄了個讓人驚訝的日子，而其實它可以是另一個日子來的。有識之士如今已經知道，不論如何推算，耶穌基督誕生二千週年紀念應在公元二千年之前已經發生了。我們的日曆是建基在錯誤的計算上。不管如何，以世紀或千禧年的方式計時，儘管似乎不言而喻，卻只不過是一廂情願的習慣而已。例如聖經從來就沒有那樣做，歷史上大多數人或基督教歷史上大多數基督徒也是一樣。我們若要跟隨聖經的方式計算時代和季節，那就不應該按照世紀，而是根據七、十或十二的序列，以一代一代的方式計算。或者，就像某些古代猶太年代學者一樣，我們可以把禧年(四十九或五十年)視之為上帝所賜計算歷史週期的方式，那麼重要的日期就會完全不同了。現代人幾乎前所未有地重視公元二千年之意義的意識，**是**我們的曆法影響我們的把戲。

然而，事情不止這樣。讓人驚訝的是(自從公元的日期被定為基督教的一種計時方式以來)，宗教背景在此並不是最重要的問題。在基督教某些基要派(fundamentalist)的圈子中，無疑仍然有按照古老猶太教和基督教的觀念，認為世界共有「七天」或「一週」，這使公元第二個千禧年終結時的意義，有別於其他千禧年終結之際。這個傳統認為，根據詩篇九十篇4節的意思，聖經稱上帝的「一日」，確實是指我們的時間所謂的一千年。而在這個相當可疑的解經基礎上，他們堅持認為創世記記載創世六天的每一日，都是代表了世界歷史的一千年。所以，世界就有六千年歷史，接著是一千年的(或者，在這理論的某些版本中是指永恆)安息。假如世界創造的時間大約是在公元前四千年，那麼世界歷史的結局——至世界安息的過渡期——就將會發生在公元二千年左右。

在基督教傳統之內，這個理論是惟一把耶穌誕生二千週年紀念附上任何特定意義的理由。只有它認為，以千禧年期計算時間在基督教傳統中是有任何作用的。不過，世界七天理論所建基的可信性，顯然不是耶穌的誕生日期，而是創世的時間。沒有任何一個認為世界是多於六千年歷史的人，可以為公元二千年的意義找到一個基督教的理由。世界共有七天的理論，事實上只是那些經常想推算歷史結束日期的基督徒的眾多時序臆測之一而已。它的聖經基礎，就像其他臆測一樣可疑。

新紀元運動有自己的理據(包括占星學和預言學)，期望在迎接新千禧年來臨時，人類的意識和歷史出現實質的躍進。不過，這不是公元二千年具魔力的最決定性因素。大多數被那魔力感動的人，相關的意識型態背景非常不同。雖然它也有宗教的形式，卻是一種現代人對歷史進步的想法，而歷史進步是相當典型的世俗概念。假如我們一向認為歷史是人類文明在時代中進步的一種形式——這是現代西方世界的主流神話——那麼把世紀的結束視為回顧和前瞻的機會，評估我們到了人類在時代中進步的某一點，似乎就相當自然了。我們把世紀視為只不過是一種方便的計時方式，由現代西方人發明，也不會剝奪它們的意義，因為我們是用它們來衡量人類的進步。它們也許是武斷的推算，不過仍然是有用的。假如世紀可以有此意義，那麼千禧年的意義就更大了！

早在一八九二年，一個專欄作家為英國著名的《觀察家》(*Spectator*) 雜誌這樣寫道：

> 我們正接近當代另一個世紀的結束一事，強烈影響了大眾的想像。一般認為，透過某種不明

的方法，這個日子必然會讓我們或好或壞。或許到了最後，不是指十九〔世紀〕，而是二十〔世紀〕，我們應該更加興奮。即使現在，重大之年(Annus Mirabilis) 的想法(即公元二千年的恩年)開始影響了我們。我們感到，假如我們可以活著目睹它的出現，那麼我們所見證的就應該是一件重大的事件。我們幾乎期望在宇宙中會發生某些事，以致我們可以在天空上讀到這個偉大的日期。[2]

這位作家的語調有點冷嘲熱諷，不過，他所反映的心態，卻是一八九○年代歐洲著名的「世紀末」(*fin de siècle*) 心態。假如世紀末——十九世紀末——產生了這樣的焦慮和興奮(他的驚歎並非沒有理由)，那麼「千禧年末」(*fin de millènaire*)——即第三個千禧年的來臨——那又會是怎麼樣的呢？

一八九○年代的世紀末心態是對文明進步評價過程的必然結果，至少世紀末的精英認為，那時代無疑是進步的世紀，當時的文明比人類歷史的任何時代更進步。這個過程，包括回顧過去的世紀，以及(滿懷熱情或懼怕地)前瞻下一個世紀。當時的心情是忐忑地混和著樂觀及悲觀，評估著進步和衰落的孰輕孰重。

一方面，諾德(Max Nordau) 則哀歎地發現，在知識分子中瀰漫著即將被毀的感覺，「對列國的黃昏杞人憂天，擔心眾日諸星在其中逐漸消逝，而且人類連同一切制度和萬物都會毀滅在一個垂死的世界中」，[3] 同時另一方面，哈里森(Frederic Harrison) 認為，二十世紀是由十九世紀一直加速的動力長驅直進至一個質素更佳的時代，流露了較為普遍、盛行的預期：

> 我們**是**在一個偉大時代的門檻，即使我們的時代本身並不偉大。在科學、宗教、社會的體制中，我們全都知道甚麼事情是懸而未決的。……它是擁有極大期望，並為更好的東西而竭力奮鬥的時代。[4]

熱情的心態並不是毫無批判的：世紀末的不足是要由更美好的未來所克服。故此，某些作者就以新年立志的精神，提出了新世紀的立志。

華萊士（Alfred Russel Wallace）在一八九八年出版的《奇妙世紀》（*The Wonderful Century*）一書中，評價了過去的世紀（順便提一句，留意一九九八年出版的書籍極不可能會這樣描述二十世紀）。他記載了那個世紀非凡的科技發展，但指斥他同代的人一方面忽視了催眠術和骨相學，另一方面卻同時開始接種疫苗這種有害的做法。[5] 更有意思的是（是今人的後見之明罷了），他哀歎軍國主義控制了科技的進步，發展出歷來最致命的戰爭機器。[6]

不過，這世紀的教條式樂觀主義是不易粉碎的。薩瑟蘭（Alexander Sutherland）在一年之後以〈戰爭的自然減少〉（The natural decline of warfare）為寫作題目，指出近幾個世紀的進步軌跡表明，戰爭在不久將來就會消失。他指出，在這世紀結束時，絕對的和平已經盛行於文明諸國之間，儘管還未見於文明世界的邊緣[7]（英國人與波爾人〔Anglo-Boer〕的戰爭開始於同年的一八九九年）。以這種想法作為背景，在萬眾期待的新世紀來臨之後幾年，第一次世界大戰就摧毀了進步主義者的樂觀心態。

在十九世紀末出現濃烈的文化自我評估，是十九世紀獨有的。[8] 這情況並非經常在每一個世紀的末端出現。在十七世紀末和十八世紀末，進入一個新時代的意識，相對而言沒有那麼大，而在之前更完全沒有這樣的現象。原因有兩個層面。

首先，涉及我們所說的日曆魔法。在十七世紀之前，極少人會留意「公元」或「主後」(Anno Domini）這個紀年方式。對於歐洲歷史中大多數人來說，通常是以君主或某種本地時期的方式紀元，而不是按照一個世界歷史的紀元方式。例如，極少七世紀的人是知道他們生活在七世紀的。[9]即使當基督教紀元的方式在官方用法中通行時，一般人也不會按此方式思想。他們在文字和交談中，都沒有使用公元或主後的紀年方式。我們把某一特定時期定義為某一世紀的生活意識，可能要到十六世紀才開始，與此同時，當十七世紀愈來愈多人使用日曆時，一種以日期和世紀的數序定位的現在典型意識型態開始傳開，這標誌著單一人類歷史向前的邁進。

此外，值得留意的是，在西方對時間和歷史的意識中，以公元紀年的方式逐漸佔有主導位置，大體上與西方社會的現代化同時發生(而不是它的基督教化)。雖然公元以基督教為參照點，但它卻是相應於(也許甚至是必須的)歷史進步的現代神話。以公元紀年作為人類歷史的普遍運動，代表了邁向一個無限未來的持續運動，這讓文明快速提升的意識得以主宰了十九世紀。以世紀來思考，產生了日曆的魔法，這並不是偶然的，而是因為它與「現代」所靠賴過活的主導神話步伐一致。一八九〇年代所獨有那近乎迷思般對過去和未來歷史進程的評價，不見於其他世紀末，理由正是因為它是發生於進步的偉大世紀之末，那是人類必然會並無限地改進之神話的巔峯。

那麼，在不只是下一世紀的結束，更是整個千禧年結束之際，由於公元時間的渡過仍會喚起進步的神話，故此，公元二千年的來臨就激發了我們的想像，導致我們感到有須要評估現況。可是，進步神話的力量如今(對於我們大多數人來說)是幽靈縈繞心頭的力量。二十世紀幾乎耗盡了它的元氣，可是它已經主導和滲透進現代化的文化，以致我們難以輕易拋棄。在許多方面，它仍然是千禧年盛宴上的幽靈，因為我們還不知道甚麼可取代它的位置，而且恐怕根本就沒有任何東西可以取代它的位置。

因此，千禧年末的影響不是把世紀末的力量增強十倍。把千禧年的交替作為線索，回顧前瞻我們是在哪裏，以及我們應該如何直奔我們想要的標杆，討論這類問題的著作不斷出現，[10]不過即使是樂觀主義者也是非常謹慎的，當世俗的悲觀主義不只注目於衰微(正如在一八九〇年代)而更在於真正的天啟性危機上。《我們會到達二千年嗎？》(*Shall We Make the Year 2000?*，這是一九八五年出版的一本書的書題)[11] 正好捕捉了這種心態。

這些評估現況的作品，最近期的一本書題為《憂慮的時代》(*The Age of Anxiety*，1996)，主旨是面對「千禧年的憂慮」(millennial anxiety)，在一九九〇年代具英國社會特色對未來的恐懼。這本書的眾多作者提供了不同程度(沒有一個是太極端的)的樂觀主義和悲觀主義。他們嚴肅地面對憂慮，沒有一個提出一種返回對十九世紀神話沸騰的樂觀主義，該書的編者對此評論說：「因為在完美中讀到墮落，在進步的信念中讀到天真。」[12] 不過，在該書作者羣中的那位科學家比其他作者更多保留了十九世紀對進步的信念(那是在很大程度上以科學為基礎的)，卻是毫不意外。他在結束時勸告我們：「如果情況**真的**讓人焦慮」，那麼就嘗試相信科學的保證。[13] 但是，若果大多數讀者沒能相信它，他也可能會毫不驚訝。逐漸地，在公眾的評價中，科學家不再是行善的魔法師，而是巫師的學徒，釋放出他們不能控制的力量，其結果也是他們所不能預測的。

與一八九〇年代之間的差異，就像是一個範式的轉移(paradigm shift)。那時，它猶如該世紀成與敗的資產負債表：建設鐵路的功勞，減去儲存軍備的債項，依此類推。現在，差異就不只是許多人發現我們的資產負債表整體上或多或少是在欠債，也不只是我們不同意對許多改變的評價(傳統家庭的減少是進步抑或退步？)。最困擾的事情是，進步本身變成了威脅。我們逐漸認識到，許多明顯地是良性發展的科技，也會帶來災難性的後果。十九世紀進步路線在指數性的延續，是把這行星本身的未來放在懸而未決之中。整個現代所靠賴生活的主導神話——歷史進步的觀念——不僅叫我們失望，更轉而對我們不利。我們愈是認識這一點，千禧年末就愈是必然成為一個評估整個現代情況的時間，而不只是評估過去一世紀的情況。千禧年末這個時間變成不是在評價進步，而是評價進步的神話本身。可是，我們還可以藉著甚麼面對未來？

現代世俗的進步神話是一個「宏大敍事」【參編註】，

這是人類社會及其個體成員所靠賴生活的那些宏大故事之一。宏大敘事是一種對現實整體意義的敘事架構，把它納入人類歷史中，將之描繪成一個穿越時間邁向烏托邦目標的長途旅程。這個現代性的主導神話壽終正寢，是否意味著我們現今必然不再靠賴這類宏大敘事生活，正如許多後現代主義者所說的一樣？我們能否應付全然不抱幻想的實用主義或享樂主義？我們可否生活在一個對未來再無盼望意義的現在？我們可否滿足於把千禧年當成是一個後現代的遊戲來慶祝，儘管享受宴會，即使不再有明天？

在這些問題中，基督教的終末論責無旁貸。它本身是一個宏大敘事——或者更確切地說，它是基督教宏大敘事中所不可缺少的部分，那是基督徒述說世界有何意義的故事，從創世一直至完成。此外，它至少在以未來為方向和在為世界的未來提出終極盼望等方面，類似現代的進步神話。事實上，啟蒙思想的進步觀念肯定在某程度上是受惠於它所否定的基督教終末論。它往往被視為是基督教宏大敘事的一個世俗化形式。所以，在現代時期中的基督教終末論，與進步的現代神話有恆久的、不斷改變的關係，這是毫不意外的。一個負責任，並為新千禧年而存在的基督教終末論，必然會完全考慮到這個神話的衰落。

進步的衰落

跟著對進步的概念之說明必然是簡化的，因為這概念在過去二百年間顯然千變萬化，但它的大概輪廓仍然清晰。它起源於十八世紀晚期的歐洲啟蒙思想(文藝復興是更早的根源)。它流露了啟蒙思想的巨大自信，即人類理性一旦擺脫傳統權威、偏見和迷信的枷鎖，便可以把人類引往一個自由和繁榮的新世代。

十九世紀進步概念的成功，大部分是與科學和技術有關的。人類進步的一個主要關鍵，在於對自然界的掌握，強迫自然界服役於人類的目的，改造自然界成為適應人類居住的世界，為了人類的利益而開發自然界的資源。經濟是上述整個控制和發展計劃的一個主要動力元素。人類的渴望和對於各類物質商品的要求是潛在地無止境的，這相對較新的想法使經濟持續增長，成為西方文明的主要需求。現代典型的經濟進程，是創造於不斷膨脹的需求中，為了滿足它們而不斷前進。歐洲殖民地控制了世界餘下的大部分地區，部分是為了這個經濟目標。它作為經濟原則的問題，無情和貪婪地驅向不確定的未來。

不過，進步絕非純粹是以物質而論的。從啟蒙思想的原則中，民主自由和人權是緩慢卻穩定地演變出來的。對理性的信心，讓教育成為進步的中心角色，而且由於人性被理解為基本上是理性和善良的，無知的驅散和理性的勝利，就被確信是有助於民族在整體上的道德改善。進步是意味著人類朝向完美的穩定進步。雖然進步的神話是相當以歐洲為中心的，但在其目標而言它卻是普世性的。世界的其餘地區可能要由西方用家長式規管一段長時期，但歐洲文明的恩惠擴展至所有人，這卻是帝國的終極目標（至少根據流行的神話而言）。

進步的觀念並存於自由思想進步主義和馬克思主義之中，兩者的主要分別是，前者設想穩定的進化改變是沿著從現今朝向未來的路線延續，而後者則認為，進步只能通過階級衝突和革命的辯證過程才會出現。二十世紀在自由主義的西方與共產主義的東方之間的衝突，就是透過啟蒙時代進步主義的兩大承繼者，以近乎墮落的形式，為支配世界而鬥爭。

若要理解和評價諸如進步神話的宏大敘事，方法之一是把它視之為處理歷史的恐怖(horror of history)和歷史的驚懼(terror of history)。所謂歷史的「恐怖」，我們指的是在人類歷史中出現的所有巨大痛楚、受苦和損失，而這一切對於在歷史中尋找意義的所有嘗試造成了障礙。所謂歷史的「驚懼」，[14] 我們指的是對於無法預測和不可控制的未來所產生的懼怕，這未來總是對於試圖維持我們的福祉或改善我們的命運構成威脅。進步的觀念，就是為了驅除這二者而構想出來的。

比起任何其他意識型態或世界觀，歷史進步的神話更多是在人類歷史的過程之內尋找意義的。猶太教和基督教對歷史的觀點，是注目於超越的上帝在歷史之內的活動，以及祂把歷史帶往一個有意義的結局之意願和能力，而啟蒙思想卻典型地放棄了超越性，認同全然內在性的意義，即認為歷史過程的本身，包含並達成了它的意義。因此，對進步是必然的信念，就是一種相信歷史過程本身的信心(取代了基督教的天佑觀念)，合乎人類的理性。進步是世界正在踏上的道路，這個信念被生物進化的神話所強烈支持。(我們也稱它為「神話」，因為我們談及進化時，並非純粹是對生物變化作出描述性和科學性的解釋記述，而是把其視之為一個永遠上升的運動，在人類歷史中達到高峯，並且一直延續下去。)受啟蒙思想影響的人們，成為世界內在朝向目標趨勢的一分子，這目標便是人類的完善及對世界的統治。

那麼，究竟甚麼是歷史的恐怖？它是未開化的野蠻狀態，如今正在逐漸過去。它成為追求烏托邦的必然代價，正是「有得必有失」。進步的觀念是一種內在的神義論（immanent theodicy）或歷史的**合法化**（justification of history）。一切的痛楚和損失都是以目標來衡量的，不論這被認為是一個遙遠卻最終會達到的烏托邦，或只是永不終止的進步。（達爾文進化論的一些神學解釋提到，「犧牲的法則」〔law of sacrifice〕是進步的發動機。）只要在過去或歐洲文明範圍以外的地方，得以見到這種恐怖肆虐，那麼這類神義論對許多人來說，就貌似有理了。在歷史中的一切負面東西，都不斷得到克服。讓人驚訝的是，甚至是死亡最終會被克服的觀念，也經常見於進步的烏托邦夢想，即使直到今天（那些竭盡所能保存他們遺體的人，就是對有一天藉著科學而復生持著肯定和某種盼望）。自由主義（與馬克思主義截然不同）的進步主義者之特徵，可以說就是他們低估現今邪惡的樂觀傾向。可是，整個取向必須對未來賦予一個相當高度的評價。將會受惠於進步的人，並不是那些過去因邪惡而受苦的人（或甚至是那些在現今受苦和死去的人），而是那些愈來愈因別人的犧牲而得益的人。[15]

正如我們已經提過，藉著世紀來表達時間的流逝，特別符合進步的觀念。它純粹以量化的用語來表示時間，而且所提出的形像是歷史沿著一條線邁向未來。它讓我們注目於延續的、向前移動的提升，而忽視了真實歷史的不延續性和悲劇性損失。如果我們把它與時間是以一代接續一代的模型作比較，這一點就變得清楚了，一代接續一代的模型在許多傳統社會中相當普遍，包括聖經中的社會。數算世代，突顯了世代在死亡中過去的不延續性，以及世代出現更替的延續性。純粹量化的時間(同質的時間就像一條直線般邁向未來)是忽略了在歷史過程中內在的悲劇和損失。當時鐘無情的滴答作響計算時間的同時，就無視於人類所擁有的價值。

毫無疑問，這樣純粹量化的時鐘時間，在進步觀念的時代裏終於會主宰了對時間的想法。它是後來試圖克服歷史的恐怖的一種方法。不過，歷史的驚懼又如何？在此，時間的形象也是作為一條向前移動的線，這是有啟發性的。它鼓勵人去想像一個單一的、既定的方向，在其中，未來是延續著一條從古至今的線。它不是代表了未來的無限開放性，從其中任何不同可能性的無限範圍(不能預測的、不可控制的和經常威脅的)都可以在現今出現。

進步的觀念是結合了朝向烏托邦的內在趨勢的某種意義，那在歷史過程中是固有的，以及人類有能力通過理性和技術去控制未來的一種意義。有時，正如馬克思主義，歷史的必然性和人類為求達成未來目標而行使自由，兩者似乎是在必要的互補下共存，即使不是完全一致。一方是傳統基督教對天佑之理解的一種世俗化版本；另一方是人類有責任創造未來的一種假設，這從前是在上帝手中所掌握的。換言之，超越性同時被內在的目的論和人類理性與自由所取代。以前因著信靠上帝而迴避的這一切，現今用來克服未來的驚懼。

這樣，創造未來的能力和責任，被視為完全是屬於人類的；但一再保證人類計劃和達致未來的努力是正在朝向正確的方向，這保證是來自在世界系統中內在的目的論意識。在後者的意義衰落之處，正如它在二十世紀的情況，對於進步的信心多較為不安地繫於人類能按照理性計劃塑造未來的能力。歷史的驚懼必須由人類對未來的控制所主宰和驅散。我們在此再次遇到瀰漫在進步的現代神話中所主導的獨特觀點。人類掌握了歷史的進程，而且現在控制著它的未來方向。當然，這與科技有很密切的聯繫，科技的發展成為使自然界臣服於人類的目標的工具。

二十世紀進步神話的可信性逐漸減少 (導致實際上被駁斥)，原因是它沒有能力應付二十世紀歷史的恐怖，或二十世紀後期的驚懼。這個指控甚至可以更加強烈：一種文明使歷史進步的觀念變成神話，這文明本身已經增加了歷史的恐怖和驚懼。

我們從恐怖開始，對於所有想法沒有被意識形態扭曲的人來說，這肯定是二十世紀歷史最顯著的特點之一。正如斯坦納 (George Steiner) 指出的：「一九一四年八月之後的時期已經成為……有文字記載歷史中最殘忍的。」[16] 在戰爭和種族滅絕、政治酷刑和國家恐怖活動——對於兩次世界大戰、大屠殺、斯大林 (J. Stalin) 的恐怖統治、越南和柬埔寨的殺戮戰場、波斯尼亞和盧旺達，都可以作為代表的例子，比許多其他恐怖更為人所記得——在文字上有記載的已經死了千百萬人。當然，這所說的是太少了，因為它沒能記錄在以往世紀早已司空見慣的極端暴行和更多折磨。我們必須加上數以百萬計因饑餓而死的人，這本可以防止卻沒有防止；那些人 (包括許多孩子) 仍然要被苦工勞役，這並不比古代的更可容忍；而百萬人 (目前是二千二百萬) 陷於饑荒、戰爭和壓迫，造成了難民或流離失所者。

面對這樣的事實，道德進步的言論就成為一個病態的笑話。若說這是道德的退步可能更準確。也許並不是人類想更邪惡，而只是產生邪惡的技術性工具增加了。又或許道德在其他方面提升了，在我們提到邪惡時是必須加以衡量。但是，在道德上這樣的精確計算，實際是不可能的。它對於任何想要思忖二十世紀的邪惡那難以計算的恐怖的人，也是不恰當的冷漠回應。任何人若以道德的敏感去感受它的邪惡，都不可能充分地加以衡量。退步就有可能，進步就相當不可能了。

二十世紀的邪惡對進步理念的衝擊所造成的破壞，甚至比我們已知的還多。這些恐怖不僅顯示了進步的缺乏，也破壞了任何曾經出現過的歷史「神義論」的神話的可信性。如果這些恐怖是進步的代價，那麼進步就不是進步了。沒有任何烏托邦式的未來，能夠使這些恐怖變成可以接受、忽略或忘記的。究竟未來有甚麼進步，能夠抵償孩子們在奧斯威茲(Auschwitz)被活生生燒死或在柬埔寨被活埋？(借用伊凡．卡拉馬佐夫〔Ivan Karamazov〕在杜斯妥也夫斯基〔F. Dostoevsky〕對神義論的經典討論中的說話：為甚麼無辜的孩子必須成為其他人的未來福祉的肥料？如果這樣的受苦是我們進入烏托邦的代價，那麼我們會否就像伊凡一樣，對這張入場票敬謝不敏？[17]) 面對這些恐怖，我們必然會肯定地得出如下結論：歷史不可能被證明是公義的，除非它能被證明對死人公義。歷史可以是沒有內在意義的，除非它是一個惡魔。

此外，我們必須留意科技(進步的概念對此有許多盼望)和進步本身的概念都牽涉到恐怖。這個世紀的科技充分證明它對邪惡的價值，正如對良善的價值一樣多。它的發展造成了在戰爭中史無前例的破壞，以及更有效的國家恐怖活動。雖然核子武器只是使用過兩次，但除非是堅定非凡的樂觀主義者，才會排除它們會在未來的某一刻造成災難的可能性。未來學家們已經預料，新近發展的高度精密生物武器將會再一次改變戰爭的特性。對於進步的概念來說，這世紀的恐怖不少正是以進步的名義來投入的。不僅是納粹和斯大林主義者，甚至是自由派進步主義者的意識型態，都必須分擔這個責任。烏托邦的追求「有得必有失」，已經成為在意識型態上證明政治暴行正確的一個常見做法。顯然，歷史因著進步而被證明是對的，不僅令人難以相信，而且也是危險的。如果可以為著未來的進步而接受過去的恐怖，那麼現今的恐怖也可以為了進步的緣故而惡行滔天。

在上一段，我們已經暗示進步的神話是不能驅散未來的驚懼(至少在二十世紀下半葉)的方式。情況是，通過科技來掌握自然和未來的主要現代計劃，本身弔詭地變成了一個威脅。「進步」至今許多意料之外的影響，已經造成了廣泛的生態破壞，以及威脅這個星球的未來。不過，即使是現今已知避免最壞結果的方式，似乎也不可能控制科技和經濟那驚人的毀滅力量，在現今彷彿成了沒有司機般衝向世界末日的大決戰。司機似乎是不存在的，因為真正的司機就是在我們這世界的富裕精英的一分子，也是那些不斷追求經濟增長，而同時消耗世界資源，破壞它的生態系統的人，這破壞的速度若沒有星球的災難，是沒有人可以趕得上的。我們坐在司機的座位，但進步的幽靈卻坐在我們的旁邊。

問題不在於那場災難實際上是不能避免的，而在於它很易見到。因為邁向它的道途，正是我們一直肯定可以朝向烏托邦路線的延續。即使撇開我們戒除沉溺於物質的消耗和新奇所帶來的巨大痛苦，我們還是處於兩難之間。未來好像是不受控制的，然而正是控制未來的試圖，造成了目前的威脅。我們應該在科技項目中完全強化我們的信念，相信科技會帶我們離開這個由科技把我們放在裏面的洞穴；抑或我們應該要再次陷入無助的宿命論？還有任何其他選擇嗎？

我們必須對進步概念的靈柩錘多一口釘子。在我們現今「後現代主義」的時代(正如許多人所認為的)，現代對進步的宏大敘事，已經成為「後現代主義者」的一個主要批判對象，他們想最自覺地把現代性放在他們後面，揭露它的假象。(若是把啟蒙思想文化快速衰落時期中的「後現代性」〔postmodernity〕——或有些人喜歡說是「後期的現代性」〔late modernity〕——與致力對抗承接啟蒙思想文化的一個智性和文化運動「後現代主義」〔postmodernism〕作出區別，是有幫助的。)從後現代主義者的觀點來看，進步的神話似乎像是一個支配的意識型態。它把力量的剝削性運用合理化：西方對第三世界的控制，富裕人士對貧窮者的淩駕，甚至是男人對女人的轄制。藉著科學、科技和教育，西方把自己特定的合理性和理想強加在他人身上，宣稱一個西方精英的特定價值觀是普世性的，無視並取代了本土文化的傳統。儘管這個批評可能是誇張的，但在其中卻不難見到真理。

我們可以補充說，正如把其觀點普遍化一樣，西方對「進步」的推銷，已經明顯不能實踐人類平等的原則，這原則原屬於進步神話的最初概念。科技的發展和經濟的成長已經增加了不平等，而不是減少，同時並存於西方的富裕國家中，以及在西方與世界其他地方的經濟關係中，正如也見於「發展中」國家的西化精英與他們人口的大多數之間一樣。

此外，在似乎是最明確地有利於人類生活的變化中，也難以想像其中有許多已經讓世界上大多數貧窮人口受惠。我們已經不再安心接納一個假象，就是西方會將所擁有的必然也惠及「發展中」的世界。這部分是因為過程的動力似乎實際上不是這樣發展，但也是因為這過程到處都碰到生態上的極限。當全球文化的美國化，已經使美國人的生活標準成為所有對它嚮往者的標準時，美國人的生活標準本身，卻使大部分世界地區在客觀上不可能分享它。

進步概念的幽靈為甚麼仍然在權力的走廊和本書大部分富裕讀者的家庭中昂首闊步？部分是因為它仍然在兩個範圍中有許多影響力。一個是科學界的團體，透過對大自然科學性及技術性的控制，明確進步的科學神話仍然是許多現職科學家思想的意識型態環境。近年在生物工程整體發展範圍的討論上散漫而稀少，已經顯示科學家在從事他們自己的研究時，遠不能理解公眾有充分理由的疑慮和恐懼。

另一個讓進步的概念難以消失的領域是那些專業的政治家，他們理解行動和想像的自由，傾向受限於強烈喜愛從過去越過現今時刻的路線之方向延續。不過，對我們大多數人來說，還有另一個因素。一方面，進步概念的失落沒有把我們的社會推入新的情況，因為大多數社會——同時見於十八世紀之前的歐洲，以及直至這個世紀的其它地方——已經在沒有任何進步的概念下生活了。不過，我們不同的是，我們仍然活於改變的指數增長中，那是由科技主宰的現代計劃所給予力量和延續的。進步的概念允許人們歡迎快速和激烈的變化。雖然一度出現過「盧德分子」(Luddites；譯按：指強烈反對機械化或自動化的人)，這個用語隨著進步的文化盛行，愈來愈有貶義。不過，若沒有認為改變必然是進步的信心，改變就會變成迷失和威脅了。要評價具體的改變是非常吃力的，而嘗試影響變化的方向，就可能是鬱悶而沒效率。進步的形象很易變形成為它的相反：沒有司機的重型卡車正朝向哈米吉多頓進發。

最後，我們應該明白，這段對於進步概念的簡短葬禮演說，不是要廢掉現代的一切實質成就。我們要討論的是「宏大敍事」，現代藉著它對本身有非常自覺的理解。正是這「宏大敍事」，塑造了大自然和改變的方向，也把我們帶到歷史在現今非常關鍵的時刻。我們發現自己是處於現代性的矛盾之中，還沒有找到一條向前走的道路。

反宏大敍事

在翻入下一章論基督教的宏大敍事之前，我們先要思考三個反宏大敍事(anti-metanarratives)，我們可以這樣稱它們，三者都是故意相對於進步的現代神話而言。三者以不同的方式，對於進步神話的衰落和西方社會在它終結之後的情況，投入了相當多亮光。它們的作者全都是精力充沛的思想家。我們在此會以時間次序思考他們。

首先是德國哲學家尼采(Friedrich Nietzsche，1844～1900年)，他是一個在現代性全盛時期的後現代思想家，是我們現今認為是典型的後現代主義者的先鋒。[18] 眾所周知，尼采宣告了上帝之死，換言之，上帝的想法在現代已經失去了可信性。他把這說成是一件事件，其史無前例的意義還未得到認識，即使是尼采時代的無神論者。上帝之死代表了真理和道德作為客觀的和普遍的價值的終結。對於典型的現代和人文主義無神論（它在歷史朝向一個目標的過程中，要尋找內在的意義），尼采只是報以輕蔑。那只不過是基督教價值觀的無神主義式延續。它沒有見到上帝之死也是在歷史中意義和進步的死亡。尼采實際上預見了對所有宏大敍事的懷疑，在一個世紀之後，它就被定義為後現代（參下文）。死亡的不僅僅是基督教的宏大敍事，也是它的「繼子」，即從上帝之死走過來的現代進步的神話。

尼采在他們的立場上提供了一個反宏大敍事：「永劫回歸」〔編按：有譯為永恆輪迴〕的概念（eternal recurrence）。後現代主義者在這方面沒有跟隨尼采，但這個概念在他的想法中有重要作用。我們可以認為，它是任何尋求在歷史或終末論中的意義之宏大敍事的反題（antithesis）。尼采這樣生動地介紹它：

> 假如某天或某夜，一個惡魔偷進你最孤獨的孤獨裏，對你說：「現下你所活著和曾經活過的這一生，你將必須再一次度過，而且會度過無數次；它將沒有任何新的東西，而只有每個疼痛、每個快樂、每個想法與歎息，以及你生活中或大或小的一切事情，你最終都會再次經歷，一切的結果和影響都是相同的——即使是這隻蜘

蛛，以及樹間的這個月光，甚至是這一刻和我自己。存在的永恆沙漏倒轉一次又一次，而你對它而言，只是微塵！」

你會仆身地上，咬牙切齒，咒罵這樣說的魔鬼嗎？抑或當你回答他時，再一次經歷了重大時刻：「你是一個神，我從未聽過任何更神聖的事。」假如這個想法佔據了你，它就會改變你成為你所是，或可能會粉碎了你。在凡事上的問題是：「你希望這再一次出現，而且出現無數次嗎？」最大程度取決於你的行動。又或者，你會如何更好地處理你自己或生命？比這終極永恆的肯定和保證，**還有更熱情地渴望得到嗎？**[19]

永劫回歸的概念，就像是說明了接納在世界中完全沒有意義和目的。生活若沒有宏大敘事，不受基督教和現代夢想那個不同於實際的現實所拘束，就應該意味著代之而肯定生活的全部，正是它的所是。沒有甚麼比一個人的真實生活更熱情，所渴望得到的正是它的過去和現在，應該會無窮次再發生。不過，尼采知道，那只有超人可以做到。而它的意思必然是，例如，奧斯威茲的生還者除了預期奧斯威茲的苦難無限地一再發生之外，不必再有其他的期望。

正如我們已經見到的，奧斯威茲同時是宏大敘事和反宏大敘事的好測驗。作為二十世紀邪惡的代表，奧斯威茲否定了進步的神話。現代在歷史中尋找內在意義的嘗試，在奧斯威茲失敗了，可是尼采對意義的拒絕，豈不是也一樣？誰不會說，把奧斯威茲視為生活總體的一部分，期望無事可作區別，渴望永劫回歸，並不是超人性的——而是低於人性的？

在奧斯威茲之前很久，尼采已經逝世。德國猶太裔哲學家班雅明（Walter Benjamin）死在希特拉（Adolf Hitler）頒佈最終屠殺方案之前一年。不過，當班雅明寫下他對一幅克利（Paul Klee）的畫所作的默想時，他擁有這幅畫並對其久已著迷，這時距他在一九四○年死前只有一個月，他已經見到集體屠殺是當時的事實：

> 克利畫了名為《新天使》（*Angelus Novus*）的畫作，顯示天使好像要離開他正在凝神沉思的物件。他的眼睛還在注視，他的嘴巴張開，他的翅膀鼓起。這正是對歷史的天使的描繪——他總是面向過去。我們以為是一連串的事情，在他看來，只是拋擲在腳前由殘骸堆積而成的災難。天使想停下來，喚醒死去的、修復破碎的，但是一陣風暴從樂園中吹來；天使的翅膀迎滿了猛烈的風，以致難以合攏。這場不可抵擋的風暴，將他推向背對著的未來，而他面前的廢墟仍然向天際堆積。這場風暴，就是我們所稱之為的進步。[20]

現代認為歷史是不可避免地進步的觀點，堅定地往前望，但班雅明卻從他的歷史天使的注視中，朝往後看，從他眼中看在他面前堆積的歷史之遇難者和殘骸。進步遺下了受害者。未來是不能修補過去的。班雅明清楚見到，歷史呼求救贖，而進步卻不能提供救贖。即使天使最終被吹送到烏托邦中停下來，歷史的殘骸仍然留在他面前。烏托邦不能成為那些在歷史中受苦者的補償。它遺下了死者逝去。當班雅明（在這個無望地來回進步的異象中）沒有為歷史的救贖提供任何盼望時，他也駁斥了現代宏大敍事能提供這等盼望的任何想法。

法國哲學家利奧塔（Jean-François Lyotard；編按：有譯為李歐塔）在一九七九年把後現代下了一個著名的定義：「對宏大敍事的不輕信」（incredulity towards metanarratives），[21] 他提出了他自己的反宏大敍事，他稱之為一個後現代的寓言。[22]它以純粹科學的術語論述有關地球起源的故事，達爾文進化的過程，以及人類的故事，直至在許多百萬年的未來，那時太陽即將爆炸，並把太陽系吸收到自己之內。不論如何，人類的腦袋到了那時已經可以在這星球毀滅之前離開，避過大災難。這是有可能的，因為人類種族在數百萬年前將已預見並準備面對太陽系的死亡了。

然而，這個故事毫無人類的意義。它不是人類的故事，而是關於能量。它是關於兩個影響能量的過程之間衝突的故事：熵（entropy），以及愈來愈多的變異性或複雜性。前者導致太陽系的死亡，但後者卻讓有機能量的高度複雜形式有可能逃進從其而生的人性種族中。那將會不是人類的，而是與我們不同，作為來自阿米巴變形蟲的人種。人類只是能量組合的一個短暫形式。逃避（這是寓言的結局）不可能成為人類盼望的一個目標，那是現代進步中的人類烏托邦，因為它不是人類逃往之處，並且無論如何，寓言的英雄不是人類，甚至那不是人類將會成為的東西，而是能量。人類是歷史的客體，而不是主體，甚至能量也不是歷史的主體，因為它沒有意向的。

這個寓言是後現代的，代表了「盼望的終結(現代性的地獄)」，正如利奧塔所說，[23] 儘管這形式只不過是寓言，而且是自覺的想像；但它表達了利奧塔所謂的「思想的後現代狀態」：「缺乏結局的苦楚」。而終末論(不論是基督教或現代的)可用來減輕痛楚，但這個後現代寓言卻不能。這個寓言似乎吻合千禧年之交的處境，這時似乎對科學宇宙論和達爾文進化論相當感興趣。作為代替宗教和現代性的宏大敍事，這些科學式敍事只可能是反宏大敍事的，提供的是解釋而不是意義。[24] 仍然要問的是，基督教的宏大敍事(朝著終末性的未來)究竟可否提供真正的盼望，那是進步的神話最終不能提供的，而反進步主義者的反宏大敍事對之也不嚮往。

註釋

1 G. Swift, *Waterland* (London: Heinemann, 1983), 291.

2 摘引自 H. Schwartz, *Century's End: A Cultural History of the Fin de Siècle from the 990s through the 1990s* (NewYork: Doubleday, 1990), 275。

3 M. Nordau, *Degeneration* (London, 1895), 2；摘引自 C. Townshend, 'The Fin de Siècle,' in A. Dancher ed., *Fin de Siècle: The Meaning of the Twentieth Century* (London: Tauris, 1995), 201。

4 摘引自 D. Thompson, *The End of Time: Faith and Fear in the Shadow of the Millennium* (London: Random House, 1997), 119。

5 Townshend, 'The Fin de Siècle,' 202.

6 Townshend, 'The Fin de Siècle,' 208～209.

7 Townshend, 'The Fin de Siècle,' 207～208.

8 關於這一段，參 Thompson, *The End of Time,* chapter 5。

9 以最著名的公元一千年為例，當時的民眾對終末的期待集中於一個公元的日子，一般人是根據學者所提供的日曆資料，否則他們就不會對此加以留意。

10 如 R. Williams, *Towards 2000* (London: Chatto & Windus/Hogarth Press, 1983)；R. M. Kidder ed., *An Agenda for the 21st Century* (Cambridge, Massachusetts: MIT Press, 1987)；J. Kleist and B. A. Butterfield ed., *Breakdowns: The Destiny of the Twentieth Century* (New York: Peter Lang,

1994)；Dancher ed., *Fin de Siècle*; P. N. Stearns, *Millennium III, Century XXI* (Boulder, Colorado/Oxford: Westview Press, 1998)。

11 J. G. de Beus, *Shall We Make the Year 2000?: The Decisive Challenge to Western Civilization* (London: Sidgwick & Jackson, 1985).

12 S. Dunant and R. Porter ed., *The Age of Anxiety* (London: Virago, 2nd edition 1997), xv.

13 G. Watts, 'Can Science Reassure?' in Dunant and Porter ed., *The Age of Anxiety,* 187；他對科學的描述，相當典型地沒有提到主導大多數科學研究的商業動機。

14 這個片語來自埃利亞代(Mircea Eliade)。

15 值得一提，有一個甚少承認的論點，就是進步的神話在此有自己「特殊性譏議」(scandal of particularity)的版本，以致在啟蒙思想批評者中經常用來針對基督教。進步的神話賦予人特權，相對於他們在進步的前行路徑中的時間位置，正如它給予那些在任何時間都是進步先鋒者的特權，以對照「發展不良」的世界。

16 George Steiner, *Errata: An Examined Life* (London: Weidenfeld & Nicolson, 1997), 103.

17 F. Dostoevsky, *The Karamazou Brothers* (trans. I. Avsey; Oxford: Oxford University Press, 1994), 297～308.

18 對於他的作品的一部有用導論，是按照主題編排摘引的文集：R. J. Hollingdale ed., *A Nietzsche Reader* (Harmondsworth: Penguin, 1977)。

19 F. Nietzsche, *The Gay Science,* translated by W. Kaufmann (New York: Random House, 1974), 273～274 (§41)(粗體字原文為斜體)。

20 W. Benjamin, *Illuminations* (ed. H. Arendt; tr. H. Zohn; New York: Schocken, 1969), 257～258；另參 R. Alter, *Necessary Angels: Tradition and Modernity in Kafka, Benjamin and Scholem* (Cambridge, Massachusetts: Harvard University Press, 1991), 114～115。

21 J.-F. Lyotard, *The Postmodern Condition* (trans. G. Bennington and B. Massumi; Minneapolis: University of Minnesota Press, 1984), xxiv.

22 J.-F. Lyotard, *Postmodern Fables,* translated by G. Van Den Abbeele (Minneapolis: University of Minnesota Press, 1997), chapter 6.

23 Lyotard, *Postmodern Fables,* 100.

24 雖然把厄普代克(John Updike)的著名小說 *Toward the End of Time* (Harmondsworth: Penguin, 1999) 說成反宏大敍事，是過分複雜，在二十一世紀初死亡與虛空的喚起，卻以量子物理學、科學宇宙學和進化(刪去了它在十九世紀對進步的認同)取代了早期有的宗教或進步式人文主義者的宏大敍事。例如：「太陽是一顆星。基督教說，上帝是一個人。人文主義者說，人是一個上帝。今天聖人說，通過這等耆那教式的宇宙進化論，作為線狀的理論和膨脹的假設，凡事都是無。宇宙是免費的午餐，一個量子的波動。」(頁34)

編註

「宏大敘事」在原書為'metanarrative'，由利奧塔(J.-F. Lyotard)提出，為現代性之特點，一般中譯為「後設敘事」或「元敘事」。由於此語意指一種巨形一元，以至掩蓋了自身特殊性和敘事性的宏大敘述或理論，故本書中譯借用「宏大敘事」(一般為'grand narrative'之中譯)的概念，讓讀者更易掌握。

2

對終結的盼望

只有眾終局猶存。只有那一刻來臨，那時再不用企盼，這故事就凝住、靜止了，超越悲劇與失望、世代與死亡。

威廉斯 (Niall Williams)[1]

故事的終結？

可以這麼説，現代之前 (傳統) 的社會著眼的是過去，現代 (發展中) 的社會關注的是未來，而隨著進步這觀念的衰落，出現了一個注目於現今的後現代社會。在當代西方社會中，由於它的廣告文化，所強調的是此時此際，其熱忱盡可能被壓擠在時間之中，彷如一個有時限的商品，它把時間碎裂成可分配的量，以及它對時間的過分組織，我們就愈來愈活在現今及其延續之中。不只一個觀察家提到，我們是生活在「壓縮的時間」中。[2]

愈來愈快速的改變以及注目於現今即是永恆的壓力，充斥著把我們從過去的延續中割離的活動。歷史不是我們自己生活的部分故事，而只不過是讓我們消遣的主題公園。另一方面，未來縮窄成為現今的一個短暫延伸，那是我們可以從現今推斷的未來；那是我們已經分配和計劃了的未來；漫長的工作日程、政府智囊團、千禧年計劃的未來。那個未來已經包含在現今之中，既不是無法預測和期待，也不是會導致有無限可能的範圍。

因此，諾沃特尼(Helga Nowotny)説：「懷舊的東西仍然稱之為未來」，她預言「未來的類別會被廢除，由一個延伸(卻是可以控制)的現今這觀念所取代」。[3] 雖然她否認抉擇和驚奇會因此消失，它們卻顯然是囊括在一個肯定控制的框架中。矛盾的是，這樣實際上把未來消取的，正是現代化要掌握未來的巨大科技工程之成功長期以來的結果。隨著十九世紀烏托邦主義把支配的夢想結合於未來的魔法，成為宏大盼望的領域，支配的顯著成就已經把未來關掉了。

不過，對於未來是可供控制的想法，還有更險惡的一面。在人類決定未來的範圍內，這卻是由於許多人作出無數選擇的相互作用和決定。這有點讓它變得無法預測，因為人是無法預測的，他們選擇之交互作用的結果也是一樣。只有當人的選擇是可以控制時，未來才可以被控制。一個實際上沒有未來的世界，就將會是一個所有事情(包括人們)完全受到官僚行政所管理的世界。

這正是不少思想家從十九世紀以來就有的「後歷史」(post-historical)時期的夢想——或許是惡夢。只要沒有自由或意外，沒有不能預測的新奇，那就沒有「歷史」，[4] 這就是後歷史的意思。不只基督教終末論討論到歷史的終結：黑格爾(G. W. F. Hegel)、馬克斯(K. Marx)、孔德(A. Comte)和近期的福山(F. Fukuyama)[5] 也同出一轍。歷史終結於不再有任何選擇之時。這是追求進步的邏輯結果，進步被理解成是理性的，是以技術掌握未來而由邏輯引導的。現代的「宏大敍事」面臨終結，而正在出現的後現代或「後歷史」時期，從此在一個沒有未來的現今中「快快樂樂地生活下去」。

福山是這個觀念的一個相當溫和(也特別耀眼)[6]的版本。他認為，隨著共產主義崩潰，現在除了自由主義的民主和自由的市場經濟外，別無選擇。實際上，進步理念的一個版本(自由的進步主義)在與另一個版本(馬克思主義)的競逐中，已經勝出了，證明它在歷史的終結上將會實現這個現代的宏大敍事。不過，進步主義的宏大敍事似乎證明了一個論點，那就是旅行的過程比到達終點更好：「歷史的終結將會是一個相當悲哀的時刻」(福山)。[7]

然而，認為進步正是在後現代的現今(沒有未來下)應驗的想法，必然極有問題。它是以進步的理念來解釋現今，而沒有顧及我們在上一章中對進步理念之失敗的觀察。對未來控制的計劃，現今以天啟式的災難，正在威脅世界，這顯然不能由沿著相同的道路前進而得以避免。一個不同的未來，不僅是現今的延伸，也是需要想像和抉擇的。我們要重新顧及計劃、預測和控制的極限，以及一個超越政治和官僚管理的近利主義(short-termism)的眼光。

雖然我們生活真的愈來愈在填滿計劃的現今這「壓縮的時間」中，但是我們也是生活在「張力中，十分難以承受，以致努力把它深藏在無意識中，處於現今與未來不確定的時間的壓力之間」。[8]在心理上，我們沉浸在即時與可供掌握之中，這沉浸也是逃避對於開放未來的懼怕，那個未來似乎是威脅多過帶來盼望。大多數英國人告訴民意調查專家，他們認為在不能掌握的未來中，事情只會變得更差，例如職業的不穩定，犯罪增加和社會秩序瓦解，環境災難，以及其他恐怖襲擊。所掌握的科技愈多，其不可控制的影響所帶來的憂慮愈大。[9]

後現代主義者在慶祝沒有過去和將來的現在，在這刻歷史已經終結了。在他們看來，歷史已經終結，不是以現代主義者的意思來認為現代的宏大敍事已經面臨終結，而是認為不再可能有甚麼宏大敍事。在本書前章引用的名句中，利奧塔把後現代描述成「對宏大敍事的不輕信」。[10]一方面，這樣抗拒任何植根於整體現實的宏大故事，把一個懷疑的詮釋應用於進步的觀念，揭露其支配的意識型態，正如上一章指出的。所有這樣的宏大敍事，藉著宣稱只有特定觀點或傳統的東西擁有普遍性，抑制差異並壓制其他。(驟眼看來，基督教終末論彷彿也要與世俗的進步式終末論一樣，受到這樣的批評。)不過，另一方面，這樣對宏大敍事的抗拒，也把後現代主義者的認識論限定於文本是關於文本，而觀念是關於觀念，在不斷退讓中，不允許掌握非語言學的實存。

下文是引自〈一篇後現代的宣言〉(A Post-Modern Manifesto)，就像是粗糙的尼采極端思想：

> 我們必須學習按照真理而活。……我們講述一個虛無主義的故事，分為兩個階段：相對主義(relativism)和反思性(reflexivity；編按：反思性指個人或羣體對自身之思想言行〔如詮釋活動〕本身的反思)。當我們思考我們的理論和我們的真理的狀況時，我們是在走向相對主義。但

> 相對主義反而往後走，消失在反思性的惡性循環裏。沒有東西是肯定的，甚至是它。……沒有日常的時間。現代是以上帝和宗教的毀滅開始的。它在所有共識都被破壞的威脅中結束。時代是處於進步和解放的故事組成的道路上。……但是，這些故事如今已耗盡了。沒有新的故事可以取代。……建構典範的典範正在崩潰。……惟一餘下來的政治理念，是那些憤世嫉俗和偏執狂患者的東西。這樣的理想破滅，早已隱伏兩個世紀於歐洲文化的側翼中了。如今，它可以主宰中心舞台。我們被這場表演所制約，而且不能離開這個劇場。所有出口都已經封閉了。[11]

後現代主義非但沒有對現代的矛盾提供出路，而且看來也要在逃不脫的死巷中解決它們。

對於把基督教信仰理解為故事，激進的後現代主義是一個挑戰，這故事在近代神學中十分流行，對此我們已經訴諸在宣稱終末論是基督教宏大敍事的必要元素。我們以後還要面對把宏大敍事視為支配的意識型態的批判。但是，後現代主義者把對一切虛有其表的形象的解構，延伸至一切敍事的解構上，不論那是歷史、小說或自傳。故事賦予了過去、現今和未來的統一性和連貫性，某人生命的敍事所給予的個人身分，都是充滿蒙蔽的結構，這結構可以予以解構。後現代主義者的時間，碎裂成斷開的現今。後現代主義不僅宣佈這個或那個宏大故事的終結，更是故事的終結。

終結的意義

然而，我們是否確實正目睹這種敘事性 (narrativity) 的終結，是值得懷疑的。即使在我們大多數人佔據大部分時間的壓縮性現今中，人類經驗仍難免於時間性 (termporal)。正如哈迪 (Barbara Hardy) 所說，敘事不只是

> 一個美學發明，由藝術家使用，以控制、操縱和指揮經驗，而這是一個心靈的原始行為，從生活本身轉化為藝術。……因為我們是在敘事中建構夢想，在敘事中做白日夢，回憶、期盼、希望、失望、相信、懷疑、計畫、修訂、批評、建構、閒談、學習、憎恨和愛，全都是藉著敘事。[12]

我們現今的經驗已經變得更零碎，更少順從作單向性故事的陳述，不過，我們甚少可以完全沒有敘事地談論它。在完全以「後歷史」構成的世界中，沒有新的故事，只有計畫了的行為，以及可以預測的結果，但是我們在那世界中所找到的，只不過是進步觀念的神話產品而已。

在後現代主義中，一切故事都是不矯飾和不認真的虛構小說。雖然在後現代主義者的小說中見到線性故事瓦解，以及敘事意義的顛覆，但是敘事永不會被完全丟棄，而且其影響也往往取決於讀者是否察覺到他們所去掉的，只是慣常的敘事寫實主義 (narrative realism) 手法。敘事可以被質疑和解構，卻不可以被取代。在流行文化中，故事 (不論是在電影、戲劇、小說、傳記或連環圖中) 繼續暢旺，而肥皂劇似乎是所有電視節目表中最不可缺

少的節目。在一切傳媒中，敘事性的傳統不斷玩弄解構的元素：他們改進這場遊戲，而不是把它結束。

克莫德 (Frank Kermode) 在他的名著《終結的意義》(*The Sense of an Ending*) 中，採取了一個溫和的後現代立場。敘事把形式和秩序強加在這個本質是混亂的世界中 (「我們是被『混亂』環繞著，而且預備好只以我們的想像力量與它共存」[13])。敘事藉著把完全沒有人性的事物人性化，從而緩和了歷史的恐怖：「小說欺騙我們，為的是安慰我們。」[14] 這個功能所必不可少的，就是故事的結局。小說的情節隨著時間進行，邁向結局，把意義賦予整體。這一點極為重要，因為它在一個故事的結局上，正確地注目於故事與現實之間關係的問題。正如克莫德認為的，當小說情節能夠拼合偶然的事件時，即使永遠不會充分反映生活，情節的結局也顯然有別於通常沒有結局的人生。這樣，在達到一個結局中，大多數最「真實」的小說，似乎同時也最不忠於現實，以及最能滿足審美要求。

實際上，有些虛構小說故事是沒有結局的。克莫德在論到小說時，忽略了肥皂劇，這類敘事文學只可能在無線電台和電視上存在，因為它依靠與真實的時間平行。《阿契家族》(*The Archers*；譯按：英國廣播公司長壽廣播肥皂劇) 的演員在星期天吃午餐時，是與我們其他人同時進行的。故此，肥皂劇為那些沉迷的人提供了一套沒有間斷的敘事，在時間上與他們自己的生活故事平行，追求有意義的形式，往往卻是沒有總結的。

其他敘事在某種意義上是朝向結局的。有些小說試圖開放結局，讓情節沒有完全解決，留給進一步不確定的發展，而電影 (由於商業的原因) 也會留下伏線，以便可能有續集。不過，許多敘事繼續滿足我們期望見到所有事情的結局，或以某些符合審美的手法作精心結束。威克（Brian Wicker）進一步推展克莫德的論點，把它看成是這類「強力結局」的一個優點，即它們明顯的小說特色，有助「提醒我們，我們閱讀的只是一個故事」。[15]它們有助防止把故事退化成為神話，以致故事的結局被視為是真實的。

不過，如果這樣的結局只是提醒我們，人生不是這樣子，那麼我們對它們的滿足，難道不會是與這個提醒難以容忍地矛盾嗎？正如克莫德說，「十分寂寞」的是，我們知道「**彷如**（as，小說）與**真是**（is，現實生活）不是同一的」[16]——而且永遠都不是。[17]對於克莫德那陰鬱的後現代信念，認為一個終結的意義是一部小說所必須要有的，藉此讓一個無意義的世界變得有意義，我們真的能夠安然接納這個信念嗎？如果我們真的接受**彷如**永遠不可能成為**真是**，那麼我們就能夠繼續樂享小說結局所給予我們的錯誤慰藉嗎？

小說家福樓拜（Gustave Flaubert）說道：「現實生活往往被那些想要對其蓋棺論定的人所歪曲。惟有上帝可以這樣做。」[18]終結的意義在敘事**彷如**與現實**真是**之間創造的鴻溝，可被理解為是虛無主義式的，不過它也可以被理解為終末論式的：只有上帝才能向現實生活提供一個結論，而上帝將會那樣做。我們在自己的生活中對於敘事意義的追尋，以及我們滿足於實踐小說的快樂結局之敘事意義，都隱含著終末性，尋求歷史終結將會實現的敘事意義。

潘寧博（Wolfhart Pannenberg）的論點取向有些不同，他認為對於意義的一切理解，隱含地預示了歷史的終結。[19]

由於所有現實都是歷史性的，事情的真相必然在它們最終的結果中尋找。由於所有現實都是內在地相互連接的，任何部分的意義最終不會與整體分離。個體生命的意義，是要有意義的更廣闊社會處境，那是轉而需要意義的更廣闊歷史處境。……只有當歷史是終結時，所有事情(因而是每一件事情)的最終意義才得以達成。

一個終結的意義，似乎需要承擔對敘事意義的追尋，暗示現實是不可能滿足這樣的追尋，或只可終末性的實現。在後者的情況中，我們可以說，在天真的方式中敘事沒有意義地相應於現實，它是真實發生之事的抄本。敘事總是高度選擇性並擁有強烈的觀點。(這是耶穌的故事，這個對基督教的宏大敘事而言有決定性的故事來到我們的手上，不是一個而是四個不同的正典版本的理由。)我們講到有關現實生活和歷史的故事，彷彿它們是著重偶然性和矛盾性，同時追求情節和解答，真正觸及上帝要解說的世界的意義。它們並非總是不真實的，但它們必然是臨時性且尚未完成的。在讓人滿意的結局中(我們知道那是虛構的)，我們表達了在現實中的盼望，這盼望可以在歷史終結時有讓人滿意的終局。

現代之前的某些敘事被認為是顯出了這一點，而其方式並不為當代讀者和聽眾所欣賞，那是由於現代主義者的現實主義。通俗故事常見「快快樂樂地活下去」的結局，通常被視為「不現實」。它在現代所引起的嘲笑，完全忽略了要點。[20] (婚姻在奧斯汀〔Jane Austen〕的小說的結局，是上述慣例的一個後期版本。) 莎士比亞 (W. Shakespeare) 經常以淩亂不規則的情節，為每個鬆散的結局編織一個顯然是人為的總結，有時會讓當時的觀眾相當不恰當地發笑。不過，笑聲是對**彷如**和**真是**的不協調的一種後現代回應。

正如上文所述，威克較為喜歡最「不現實」的終結，因為它們突出了敘事文體的虛構性質。我們有另一個原因更喜歡它們。由於它們不是由任何實際上似是而非的情節所導致的，它們就不會暗示歷史過程本身將會導致一個有意義的終結。它們沒有與進步概念的內在的終末論一致。也許毫不意外的是，寫實主義在想像性文學作品的全盛時期，大約與進步神話的全盛時期同時發生的。現在我們知道，歷史將不會自行產生烏托邦，我們可以較為欣賞解圍（*deus ex machina*）式的終結。從一個終末論的角度看，愈是不大可能發生的愈好！愈是不大可能發生的，就愈真確！既然進步的神話已經失落，那麼惟一可信的終末論，就是一個超越性的終末論，這是尋找一個歷史的答案，這答案是超越歷史任何可能的內在結果的。只有來自上帝超越的可能性，這個世界才可以得到一個讓人滿意的終結。

所有故事的故事

現在是時候來到基督教的宏大敘事，[21]以及它的終末性結論。我們要做的是看看它如何越過現代性的矛盾，提供一條出路，那是後現代主義沒法提供的。當然，基督教的宏大敘事是世界從創造到完成的聖經故事。這個故事是涉及三一上帝與其受造物的關係。它把上帝視為一切事情的開始和末端；它們的根源和目標；創造者和主宰；救贖者和更新者；昔在今在以後永在者。它與猶太教和伊斯蘭教分享同一的宏大敘事，但在現代之前少有其他故事的特徵是「還未完成」的。例如，它不是一個宇宙性的神話，在盤古初開時已經完成，人們必須進入其中，為的是從它的神秘性根源來更新時間。故事的終結仍然有待出現，上帝在終結時也會臨到祂的受造物。

這意味著，那些靠這個故事而活的人是在它裏面活著的。它給予我們身分、故事中的位置，以及參與上帝為祂的世界而設尚待完成的目標的角色。事實上，這個故事受到傳講，人才可以靠它而活。作為整個世界和上帝與世界之關係的一個故事，它只不過是一個拼湊而成的大綱，部分歷史細節生動詳述，在非真實的形式中速寫他人，而且(必然地)在想像性的景象中推論將要來的。當它談到所有人民和所有世界時，世界許多地區和世界歷史的龐大領域在其中透過暗示而出現。這樣的特徵(當這故事有其他目的時，那是令人不滿的)並不是要妨礙它在實際上要服務的目的。它告訴我們，我們生活所需依靠的一切事情，活在故事中，活在從過去的決定性事件的延續中，以及在它還有將來總結的期望中。

在宏大敍事的中心是這個決定性的故事，那是關乎耶穌的，上帝在耶穌裏面正在完成祂的目的，即從邪惡中救贖祂的創造以及在榮耀中更新它。耶穌的故事，就像整個故事一樣，尚未蓋棺論定，而且不可能離開整個故事的結論而下定論。在一些聖餐禮儀中有以下的歡呼：「基督死了；基督復活了；基督將再來。」在這個宣告中，整個世界包括在上帝的慈愛和救贖的目的中。在耶穌的受死中，上帝的愛已經在人類的罪行和邪惡，以及痛苦和死亡中，認同所有人類。在耶穌的復活中，新的創造已經由一個人為了他人的緣故而代表性地發生。在耶穌未來的來臨中，上帝來到祂的創造裏，領它超越一切邪惡和死亡，進入祂自己臨在的榮耀裏。這個宣告也把我們放在其間的時間，在其中耶穌的聖靈是主動地藉教會的使命來到世界的，帶著上帝對眾人的慈愛消息，以及上帝臨到眾人的盼望。在這個聖靈的行動中，新創造已經以臨時的形式在人類的生活中得著期盼。

重要的是，要把這個宏大敘事從進步神話區分出來，後者是由歐洲文化的主要神話所繼承的。這樣做是重要的，因為有兩個理由顯示其區別經常被迴避。一個理由是把現代宏大敘事的起源，理解為從基督教宏大敘事發展而來的歷史性嘗試。它在其中是有真理的，但正如我們將會見到的，其不連續性至少如其連續性一樣重要，而且它對於現代貶低其宏大敘事的真正新奇之事，沒有提供歷史性的理解。

這區別為何往往是被迴避的另一個理由，是由於基督徒神學家經常試圖把神學的合法性給予現代性，透過宣稱它的主要特徵是建基在基督教的前提上。這樣做，他們把基督教的宏大敘事變成了與自由派進步主義一模一樣。兩者的同化仍然持續，不只是在預期的，也是在讓人相當意外的基督教處境中出現。不過，值得指出，這種對現代性不加批判的神學支持是十分有害的，而且對基督教已經造成禍患。後現代主義者、綠色分子等人注意到現代性的失敗，以及它的進步神話所造成的損害，他們經常指責基督教是現代意識型態的來源。自由主義神學家可說是因這種反基督教的歷史誤讀而自討苦吃。至少他們該充任了警號的角色，讓當代神學家不要在神學上不加批判地附和盲從後現代主義。

在進步神話的啟蒙根源中，基本上發生的，是超越性的失落和終末論被削弱為人類歷史的內在目標。在基督教傳統中，歷史的終局和新的創造不是被視作歷史過程（在這裏是指歷史的目標）的最終產品，而是超越的上帝的全新創造，從而使祂的受造物成為沒有內在能力可以完成的東西。聖靈在歷史中期望新的受造物的活動，亦不可正常地被視之為一個漸增的過程，能帶領世界逐步成為上帝國度的完全。此外，上帝正在來臨的國度不是被理解為僅僅是歷史的最後時期，到達一條伸向未來之線的末端。歷史的終局是發生在整個歷史之中，包括所有死人的復活和審判。當啟蒙的人類藉著把歷史掌握在手中而取代上帝時，這種終末性的超越必然會跟著消失。

在這樣做之中，他們接管了更多基督教的終末盼望，而不只是沒有帶有超越性的單純歷史。教育和科技在現今是朝向歷史目標的工具，那歷史目標只可能被理解為一個內在的目標，是歷史過程的產品。藉著這些手段，人類可以完美，而世界也會無窮地適應於人類的需要。教育代替了恩典，而科技代替了創造。現代的整個科學工藝項目是一種全新的創造和對世界的改造，彷彿人類有著上帝的創造能力和上帝的創造性智慧。

這是普羅米修斯式的終末論（promethean eschatology），卻相當重要地未能認識到這個世界的極限。在假設有無限力量來駕馭無限資源的無限未來中，人類伸手拿取了上帝的終末性自由，如今，只有當我們災難性地與它們發生衝突時才發現它的限制。正如一段相當世俗性的反省所說的：

> 我們太少注意我們是有限和會死的事實——這也許是尼采的名言「上帝死了」暗示我們為自己而提出上帝的空席的原因。現今需要的是，我們嚴肅地對待我們本質的有限，而且明白理性是有限的，我們一直操縱世界的可能性也是有限的。我們能做和不能做的相互影響，需要我們新穎地判斷和考慮。[22]

故此基督教神學該是時候打破一直以來把普羅米修斯主義 (prometheanism) 合法化的習慣，那是把現代解釋成只不過是人類對上帝所賜力量的承擔，以及看為有上帝形象的受造物的責任。這已成為受造物在現代受強暴的神學勾結，也是二十世紀進步中所有受害者的兇手。

這樣從進步的神話區分出來，基督教的終末論如何處理歷史的恐怖和歷史的驚懼，正如我們在二十世紀末所面對的一樣？不同於進步的神話，基督教的終末論沒有把未來的歷史淩駕在以往的歷史之上。歷史的終結是對所有歷史而言的。在復活中，所有歷史的一切死人將會起來接受審判，在新的創造中得到生命。那些在過去或現今的人，被認為只不過是未來人物較偉大良善的工具，這是沒有危險的。歷史的無數犧牲者，那些活著受酷刑的人，以及幾乎沒有活過的人，都不會被忘記，但他們是在復活的盼望中被記念的。

因著這個宏大敘事，過去就不是另一個國度，我們已經遠離，以致它對我們再沒甚麼關係。知道歷世歷代在上帝的新創造中都有一個未來，我們致力繫於他們的受苦；他們的成就和他們的盼望，敘述他們的故事，正如上帝愛世界的宏大故事仍然有意義的部分，在其中的過去，我們仍然可以找到未來。不僅是已死的人，更是那些在這個世界沒有盼望卻仍活著的人，他們既沒有協助進步向前邁進，也沒有從中受惠——在地上患了絕症的人、垂死的人、受苦的人——必不可以被拋棄，卻因著上帝對許多無望的人的特別眷顧而被愛護，因為我們所不能給予他們的未來，由上帝向他們應許。

恐怖(悲劇與損失)與實現及成就一樣，屬於歷史的部分，總是會——至少直至某些現代主義者的基督教版本——完全被承認在基督教的宏大敍事中，因為它是一個救贖的敍事。歷史的負面——失敗、邪惡、壞事、痛苦和死亡——需要歷史被救贖和被成全。在十字架上，耶穌飲下被上帝遺棄而死之杯的殘渣，十字架不是人類歷史朝上升高的台階，而是下降至它的深淵，為使上帝進入那深淵中。由於十字架不能脱離基督教的宏大敍事而被編輯刪改，它防止了那些敍述基督教故事的人掩飾歷史，漠視受害者而進步主義式地捏造成功和任何浮誇的幻像，讓現代性的形象製造者遮蔽了歷史的恐怖。

基督教的宏大敍事不是提供一套臆測性的神義論。它述説的故事是上帝處理邪惡，這提出了盼望，卻沒有減少邪惡或為邪惡開脱。首先，它在十字架上找到上帝對一切受苦者的慈愛團結，並為歷史的終結提出盼望，那時候上帝將會擦乾一切眼淚，使祂的受造物遠離邪惡。在其間，基督教的故事是開放給一切受苦者的呼喊和抗議。它沒有讓他們默不作聲，也沒有向他們提出滿意的解釋，卻是容許他們痛苦難忍地保留了神義論問題的存在及開放性。藉著抗拒不成熟地結束討論，藉著保持歷史開放給上帝在未來的來臨，基督教終末論認可我們對無辜者和沒有意義之受苦的憤慨。

沒有宏大敍事（沒有關於整個實存意義的故事）是可以被信賴的，除非它是因著二十世紀歷史的恐怖而被其意義的矛盾所猛烈瓦解和威脅。故此，不要敍述故事，彷佛它是一個已經完整的故事，這是十分重要的。終結的意義，激勵我們尋找一個故事最終極和最完美的意思，那只可在由終結所給予的意義中找到。最讓人滿意的虛構故事，就是那些每一項情節都對結局的解決有貢獻，所有鬆散的完結到最後得以繫住。不過，我們知道這等故事並不真實。真正的人生是充滿困境和裂痕；難測和死局；無意義的受苦和浪費。只有在萬物的整個故事中，我們才可以期待遇見一個真正的終結，給予一切真正意義。

這樣的一個終結，難以想像是歷史的產物，而只可能是由上帝所賜予的總結，當祂來到並終結歷史之時，祂會完成和救贖整個歷史。基督徒相信上帝所應許的，祂將會完成。不過，我們不能和不應試圖解讀最終可能出現的整個歷史。我們可以在零碎的方式中識別出上帝的保守，不過我們也會見到意義和目的之一切矛盾。基督教的宏大敍事是向這一切開放的，因為它仍然對它的終結開放。

在聖經的故事中有一個例子，是無辜者遭殘殺（太二16～18）。拉結代表伯利恆的所有母親（她的後裔）拒絕安慰。以終末論而言，她的一切損失都會弄妥（耶三十一16～17），不過正如基督教終末論拒絕未成熟的終結，它也拒絕這個未成熟的安慰，那是先取得悲痛，輕率的樂觀主義在其中不能辨認出邪惡。基督教的故事不是一個完成了的整體，就像一部宇宙神話或小說一樣，而是我們要在其中找到我們自己。它是開放給它本身的矛盾，那是我們所經歷的，只有在終結的盼望中可以超越。

終末論對不成熟終結的抗拒是十分重要的，這也關乎後現代主義者所提出的疑問，他們認為一切宏大敍事，以普世之名(且是錯誤地宣稱的)，變成一種壓制性和潛在性的暴力，壓抑了不同之事和他人。進步的神話經常透過這方式證明了其壓迫性，這正是因為它要求人類在自以為恰當的終末論的目標之歷史中有所成就。試圖達到烏托邦是十分危險的，而且往往是死胡同。在與進步的神話作出區別中，基督教終末論必須具有超越性的元素，以防止這樣的烏托邦主義出現。在基督教整體性暴力存在之處——這在教會歷史中並不罕見——那也經常是未成熟而已實現的終末論所帶來的結果。

進步的神話致力驅除歷史的驚懼——未來是不能預測和不可控制的——所憑藉的是掌握未來，因而結果在一個延伸的和可控制的當下中，堵塞了未來。基督教終末論再一次抗拒這類不成熟的終結，持定未來是向上帝的未來開放的。未來不是過去和當下的線性延伸甚或至少由漸增的進步的神話所造成。未來是開放的可能性的領域，那是需要衡量和抉擇的，而且從其中真正和出乎意料的新穎可以出現。我們能夠影響我們的未來，卻絕非完整和可預測的。我們既不能掌握未來，也不需要被動地等候它(儘管偶爾有這需要)。

故此，基督教的盼望既非普羅米修斯式的，也非清靜無為的。它既不會試圖做只有上帝才能成就的事，也不會忽略人類可以做甚麼。因著從上帝而來對凡事的盼望，它探問在現今存有的限制中尚有何可能。它不會為了爭取一個後歷史性的目標而弄巧反拙。它沒有認為，可以做的只是在一段線性進步中邁向目標的一步。它可以在此時此地，為其目標而相信每一個當下都會在新的創造中找到它自己，既蒙救贖，也是完滿的。

故此，必須一起承認人類的限制和嚴肅對待上帝的超越性。我們是在恰當的人類限制中承擔我們的責任，我們不再悲哀地嚮往要全權控制，而是信靠上帝。開放的未來是一個邀請，既是盡責的行動，也是信靠。最終的未來是一個邀請，盼望著終極滿足的結局，那是只有上帝才能賜予的。

註釋

1 N. WIlliams, *Four Letters of Love* (London: Picador, 1998), 340.

2 J. Chesneaux, *Brave Modern World: The Prospects for Survival* (tr. D. Johnstone, K. Bowie and F. Garvie; London: Thames & Hudson, 1992), 17; H. Bertens, *The Idea of the Postmodern: A History* (London: Routledge, 1995), 227～229; D. Harvey, *The Condition of Postmodernity* (Oxford: Blackwell, 1990), 284～387.

3 H. Nowotny, 'From the future to the extended present,' in G. Kirsch, P. Nijkampp and K. Zimmermann eds., *The Formulation of Time Preferences in a Multidisciplinary Perspective: The Consequences for Individual Behaviour and Collective Decision-Making* (Wissenschaftszentrum Berlin Publications; Aldershot: Avebury, 1988), 29.

4 參 Moltmann, *The Coming of God*, 218～226 的綜覽。

5 F. Fukuyama, *The End of History and the Last Man* (London: Penguin, 1992).

6 一個不同情的批判，參 C. Brown, 'The End of History?' in Dancher ed., *Fin de Siècle,* 1～19; Brown 指出，福山在他所繼承的啟蒙思想進步主義的整個傳統上，犯了同樣的錯誤：他把西方對世界的觀點普遍化了。

7 摘引自Moltmann, *The Coming of God,* 224。

8 Chesneaux, *Brave Modern World,* 26.

9 參 G. Mulgan, in Dunant and Porter ed., *The Age of Anxiety,* 6：「我們得到控制，同時失去了它。」

10 Lyotard, *The Postmodern Condition,* xxiv.

11 1月2日的小組，*After Truth: A Post-modern Manifesto* (London: Inventions Press, 1986)；摘引自 R. Kearney, *The Wake of Imagination* (London: Routledge, 2nd edition, 1994), 360。

12 B. Hardy 摘引自 B. Wicker, *The Story-Shaped World* (London: Athlone Press, 1975), 47。

13 F. Kermode, *The Sense of an Ending* (London: Oxford University Press, 1967), 64.

14 這是克莫德的觀點，由 M. L. Cook, *Christology as Narrative Quest* (Collegeville, Minnesota: Liturgical Press, 1997), 55 說出來。

15 Wicker, *The Story-Shaped World,* 135.

16 Kermode, *The Sense of an Ending,* 155.

17 Kermode, *The Sense of an Ending,* 179.

18 摘引自 P. T. Forsyth, *The Justification of God* (London: Duckworth, 1916), 223。

19 W. Pannenberg, 'Eschatology and the Experience of Meaning,' in *Basic Questions in Theology*, vol. 3 (trans. R. A. Wilson; London: SCM Press, 1973), 192～210.

20 參 R. Haughton, *Tales from Eternity* (London: Allen & Unwin, 1973), chapter 6。

21 關於故事範疇在基督教神學中的重要性，參Trinity & Truth Series系列的第一本書：S. W. Sykes, *The Story of Atonement* (London: Darton, Longman and Todd, 1997)。

22 P. Kampits, 'Breakdowns: The Destiny of the Twentieth Century,' in J. Kleist and B. A. Butterfield ed., *Breakdowns: The Destiny of the Twentieth Century*, 11.

3

押注在超越之上：尋找盼望的生態

有所謂盼望的生態這麼一回事。在某些環境中它會茂盛，而在別的則會凋零。[1]

悲劇與超越性

在西方世界中，盼望的故事面臨著悲劇結局的危機。事實上，悲劇可算是最適當的文學體裁，用來比作它所曾演出並正在上演的故事。這個故事在後現代的逃避，本身就可以諷刺地解釋成一個悲劇的敘事結局，一個黑暗而絕望的收場，在其中破滅的盼望；失敗的計劃和未能實現的應許，把舞台弄得亂七八糟。終極毫無意義的遠象；天地寂寥的氣氛；絕對而且似乎是無望失落的苦難；沒法在現今之後看到更上一層樓的境況（現今本身，就是無情地由過去塑造和決定的，毫無改變餘地）；沒有能力去想像一個真實的未來而只有當下：這種種情況的呈現和喚起是悲劇的主要特性。悲劇的巨大矛盾，是在於它們的喚起，熟練地由作家經營，實際上成為一個觀眾的快樂之源，那快樂大多是在於旁觀者從這等行動裏涉及的相對抽離。「當我們樂於事情的呈現時，而這些事情在實際的生命裏，我們應該發現那是痛苦和不忍卒睹的，以致我們同情並欽佩那些人的行為，他們可以在生命中使我們感到震驚和擊退我們。」[2]我們參與這些經驗和心情，是由於共鳴而感受，卻不是直接的。與他們的角色不同，我們(與那些演員一起)知道我們將會在演出結束時離開劇院；並且正是由於這個沉默的意識，使我們能夠在我們面前演出的悲劇裏找到滿意和安慰。那不是說，我們沒有考慮到劇本或演出需要忠於現實，而只不過因為(至少暫時)我們能夠超越它，從有限的僵硬景象中安然脱身，也不受在其界限上的問題困擾，而那些問題現今是在我們面前的。然而，這些相同的經驗與心情(或像它們般令人憂心)正是威脅要吞沒我們社會的力量，很快就見於漸趨冷漠的偽裝之下，對公眾事情漠不關心，甚至在虛無主義之中。在這個背景中，我們不再是旁觀者，而是不能離開舞台的演員。這不是偉大藝術的微妙手段，而是真實人生，並且我們發現「悲劇」[3]似乎不同了，沒有那麼多在美學上令人喜悦之處，因為我們再沒有選擇而只有面對。

那麼，在近代歷史的這等比喻解釋之中，哪裏是我們應當尋找所謂「悲劇藝術」，讓這等事情被理解為苦澀的果子？在我們的故事中，這等角色是由熱烈卻不尋常地聯合一種突現的世俗物質主義和古典的基督教終末論所展現的，那是一種混雜的行動，充分地釀成進步的現代神話。無疑「我們在製造他的時候，曾經有過一場銷魂的游戲」，[4]不過，自然崇敬者及其法則的這個獨特「私生子」的結果，現今已經顯明在我們身旁。作為盼望的一個目標或來源，進步神話所尊崇的內在女神，已經並將會不再釋放良善，即使她已經接受了善良者許多的獻祭。

那些在十八世紀高喊人類生活從上帝的統治和干預中有效解放的人，是在凱旋的氛圍中參與重大發現而這樣作的。他們認為，這無疑不是終結，而是真正盼望的開始。事實上，在智性的這等轉移中，所包含的意識不只是把神性廢止，正如它在內在界限中有效地改變位置一樣。當然，「上帝」不再被描繪成一個滿有能力的個體，凌駕在受造物的命運之上，並且承擔終極的責任；然而，正如我們見過的，相信某個在人類存在中支配一切的宇宙意義和目的，以及在朝向那終末實現的系統中有某個本質性的傾向，一直存在。主要的分別在於，這個朝向烏托邦的傾向，現在被認為是本質性的，是自然進化和人類選擇結合的一個東西。天和地的地理形勢已經改變。「上帝」不再是高高「在上」，而是「在此」，等同於自然和人類存在的過程和原則。

可是隨著如何最能描述上帝第二次的死，語氣也有所不同。但丁 (Dante Alighieri) 的地獄入口處所刻上令人心寒的字句，正顯示在後現代主義理想破滅的門檻上。[5] 正如但丁故事中的朝聖者所見，這是殘酷的字句。它們現在不只適用在那些被上帝丟棄的人身上，也可以用於那些丟棄上帝的人：既是基督教故事的上帝，**也是** (在一段冗長的檢驗之後) 在進步神話的情節中代替上帝而被奉若神明的原則。沒有爭取位置的新競爭者，也沒有顯然穩妥承繼的後嗣。在一個想像被純粹內在範圍所束縛的社會，地方上最恰當的盼望可以仍然被抱持著和認識，那麼顯然只有嚴肅地敬拜自然能夠成為**終極**或**宇宙**盼望的選擇了；那就是要面對那些沒有意義，沒有目的和無望的妖靈。

在悲劇的藝術中，這等慎重「面對」和忍耐別人的觀察，可以帶來一件樂事，產生於瞥見一個分享的深度，以及在某種意義的崇高莊嚴的人類境況中。[6]然而，「帶著絕望的迷戀」[7]影響了我們晚期的西方文化特徵（令人煩惱的是，至少在年青人中間），卻根本不是高尚或尊貴的東西，威脅讓那些緊捉其後的人失去人性。這暗示，悲劇的異象之所以高貴，正是在於它反映或喚起某程度地**對抗**著意義的終極失落，那是容許我們（正如它所說的）注目於無形無蹤的無有，這刺激我們裏面一種（或許是潛意識的）基本需要意義、目的、善良、真理和美麗的意識，那不是人類常見的武斷構思，而是作為人類生命活於其中的物理、靈性和道德宇宙的狀況。我們的人性不是由擁抱這一切的失落所肯定的，而是在於由相同原因造成的痛苦。在它企圖釋放或轉移我們離開這等「壓迫性的」關注之中，促使回應世界的暫時、表面的和不可靠的模式（「慶祝、玩樂和享受，因為明天……」），後現代的情緒顯示自己是對悲劇（因而是對盼望）一個不合時宜的東道主。就像所有麻醉藥一樣，所分心之事只是限於它的影響和它的持續。在對現實漫長而尖銳的刺痛之中，提醒我們它的真正疼痛的強度，就像李爾王（King Lear）故事中的肯特（Kent），我們回到這條問題：「**這**是所應許的最後結局嗎？」[8] 當我們的後現代思維可能接納就是這樣子時，在我們人性中的其他素質就對這個答案喊出懷疑。我們始終不能接納，這個故事如此沒有結果和孤寂的結束（the close），真正反映了我們共同存在的目的（the *telos*）。這樣做，實際上是否定了那存在的意義，而我們發現根本這是不可能做到的。

換言之，上帝第二次死亡的代價，可以最後是我們基本人性的失落，那是許多後現代思想家欣然作出的認可，卻是許多人在許多時候顯然難以在生活中接納的。我們習慣認同「獨特的人性」的一切顯示，當事情被仔細衡量時就被確定為重要的假設。這是真的，不論我們如何想，在天平的一端，那是在地方性的意義中（local meaningfulness），加強每一個自我超越的溝通行動（與一個朋友或同事的談話，對一段經文、一個姿勢、一個行動或一個藝術作品的解釋）；或在另一端，首要的宇宙性意義（cosmic meaningfulness），這關乎人類盼望的問題。正如許多後現代主義者所做的，它將會不足以訴諸於人類發明和創意的能力，成為一切意義的來源，認為真理、善良、存有目的和美善，作為我們詩意自發性的地方性和常見的結果。[9]正如斯坦納觀察到的，在人類社會的詩人和藝術家中只有少數解構主義者。[10]那就是說，在人類羣體中那些最「有創意」者，正是那些最活潑地抗拒世界和歷史是終極無意義和無形狀的人。他們的藝術，就像最基本和世俗的語言交流一樣，假定了那東西的真正臨在，事實上是不能顯現的；換言之，一個意義是超越了象徵的水平，在本質上屬於真實的自然本身。人類的創造力（藝術或其他方面）從來都不是從虛無（*ex nihilo*）創造的，而是一個**回應**，針對不變的顯現，真實藉此衝擊我們的存在。在最後的分析中，斯坦納堅稱，這個「押注」（wager）在意義的重要性上，正是對超越性的一個押注，是在「那並非在我們裏面的存有」上。[11]他認為，在某程度上，那是押注在「上帝」上。

那麼，人類的故事作為一個整體，又有甚麼重要性？在這個境況中，問題正是我們對生命的經驗，有別於斯坦納所說對意義的押注。然而，我們最深層的直覺，我們最內裏的感覺，都是與這押注共鳴的。我們反對歷史的恐怖，以及那恐怖向我們啟示的附隨恐懼。問題是，我們可以怎樣回應這一切。進步神話的難題，不是它在本質上的希望，而是它沒有能力處理世界和我們實在的樣子，而且缺乏任何嚴肅的徵兆，指出事物正是得到或邁向更好。由於錯誤地把它的信心投資在一個榮耀的未來，那是自然地來自現今的境況和潛力，因此，這個神話所指向的意義，根本從沒有也不可能在自然與歷史本身之中存在。它的希望被證明是一個虛假的希望，並且由於這樣，它已經窮途末路，因為虛假的希望所灌輸的只有失望。對於後現代性的功勞，它已經揭露了神話的意識形態。然而，它在本質上的絕望並沒有使我們景況更佳，只是向我們提供止痛劑以代替錯誤的診斷。然而這個神話所顯露的痛楚的天然神經，強化了十分自然地臨到我們人性的問題：**這**是所應許的最後終結嗎？

在探討這個問題之中，我們已傾向給予它一個負面的答案。然而，假如人類的故事最後是要成為一齣喜劇，而不是悲劇，那麼它似乎是一套「神曲」(*divina commedia*)，而且不是建基於自然和歷史的自然衰落和流動。這將會成為「結局被不恰當地調解的虛構故事」(a fiction of improbable resolution)，[12]而且那不可能性，是建基於顯然在故事以外的因素和可能性。根據所有證據，內在性不能拖著自己的拔靴走出人類命運可見的悲劇泥沼。然後，在此，我們被迫「押注在超越之上」(wager on transcendence)，那是與別不同，卻直接關乎斯坦納所推薦的種類。因為我們不是現在要十分掛心一種垂直的超越(vertical transcendence)，涉及一個存有方式超越我們自己和我們在此刻世界的上帝，而祂的存在是保證了意義，那是我們相信即使現在也是超越了人類的感知和反映的變動性和多重性。相反地，我們是押注在一個水平的超越(horizontal transcendence)之上。換言之，那是在於一個信實地等待著我們的上帝，超越歷史本身的至終結局，祂的能力是這樣在我們的悲劇結局(包括個人和民族)中塑造出未來，這完全超越了歷史本身的潛在性。這樣的一個未來是(在事物的日常運作中)完全不能預計和出乎意料的，而且甚至否定我們在自然和歷史的領域中辨明的模式。

加德納(Helen Gardner)指出，對於悲劇作家(在藝術中)是完全可以允許藉著呈現人類境況的一個黑暗和痛苦的異象提出深入的問題，卻同時沒有試圖回答或解決它們的。「假如有任何答案，那是在於另一個世界，而不是悲劇詩人提出一個形象的世界。」[13] 因此，在探討如何回答肯特極度痛苦的詢問，我們必須離開悲劇要結束的舞台，並且訴諸於真實的更廣闊景象，而不是它容許我們見到的有限佈景。我們必須最後超越悲劇，並且訴諸於考慮要超越它的戲劇視野。可以說，我們為人類追求一個有盼望的異象都是一樣的，我們被迫最後要訴諸於超越這個悲劇世界的範圍，超越這個世界及它的內在能力，完全投向另一世界，沉迷在「押注在超越之上」，以之為終極意義和目的之惟一保證，真實盼望的惟一來源。

在基督教福音訴說關於我們世界的命運故事中，才可以找到這等「押注」。更常見的是指到相信復活的上帝。

因此，當斯坦納的賭博隱喻有它的適切性，就像是信心(正如財政的臆測一樣)一樣，是投資在某些不能見和某些難以(在投資的要點來說)被證明是真實的東西。然而，在基督教信仰的邏輯中，盼望的來源實際上是非常低的投注賠率，即使不是一個「定案」！在信心中，我們將會充分見到，我們的想像是從事、延伸和足以符合一套對未來世界有意義的和有盼望的異象，那一個意義，永不能藉著推斷歷史本身的悲劇劇本之情景而得。「宇宙」的終結是不能預料、突如其來、不大可能發生的，而我們的想像是被內在環境所拘禁。只有容許我們的想像由一個超越性開啟盛開，更多盛開於我們可以開啟的未來，不論是如何部分地和暫時地，設想一個**目的**(*telos*，一個終局或意圖)可以正當地給予我們盼望的目標。承認這一點，產生了某些重要的問題，正是關乎哪一類狀況可以恰當地歸類為「終末性」語言，及引導我們的超越性異象。這些將會在適當的情況中回答。然而，對於現在來說，更一般地說，是談到盼望，以及它塑造人類存在和在此世的存有方式。

去盼望就是去成為人

盼望是其中一種能力或活動，他們可以在我們的世界劃分出獨特的人性的疆界。對於意義、真理、良善和優美的追尋，是緊置於盼望作為一項想像的活動，在其中我們試圖超越現今的範圍，超越既定的事實，向外和向前地，尋找某些更多，某些更好，超過我們所得的東西。就像梅爾維爾(H. Melville)小說中的以實瑪利(Ishmael)，我們是「苦惱於永遠渴望遙遠的事物」，[14]而不是滿足於我們特性的有限範圍。在這個意思中，正如一個作者所說的：「**盼望接近作為人類之中心深處。**」[15]我們可以說，人類基本上是永不滿足的，被一個渴望驅使，觸及豐盛總是不斷避開我們的事實。在這個意義上，斯坦納所說的「押注在超越之上」正是一個抱有希望的冒險：我們憑著信心踏出，相信那是更多，那是更好，那是值得的，去發現或遇到，而且我們將會充分接觸到它。「真相是，人類最基本和普世的欲望是朝向目標，朝向現實。我們盼望我們可以達到這個目標，我們盼望那裏有一個回應是來自世界的，不論生理或心理。」[16]從最簡單的有目的之行動(由早上起床開始)，到最複雜的科學、藝術或政治性涉及的人類境況，人類的生活不只是依靠本能和欲望，更是藉著盼望。換言之，我們是在盼望中從我們現今所處之地朝向前行，盼望這樣做，會有積極的結果，而這樣的行動是值得的。這等盼望往往是由我們過去的經驗所支持的，不過它往往也是同樣取決於未來不可思議的開放性，伴隨著它的恐懼。盼望既涉及知識，也涉及意志(我們知道以前發生了甚麼事，而我們也知道我們想要的是甚麼)，不過它的特徵始終是想像的應用，並且相信未來基本上是開放和未知的。它的眼目開放給未來所持有的威脅，不過它也見到避免這個威脅的方式。在這意義上，盼望是一個有想像力的信心行動。

在斯坦納對語言和翻譯本質的權威研究《巴別塔之後》(*After Babel*)中，觀察到文法對人類存在的這個向量層面(vectorial dimension)之衝擊。他寫道：「動詞的未來狀態是存在的核心。它塑造了我們對人生的意義，以及我們個人在那意義中之位置的形象。」[17]「我們是在我們對明天早晨之陳述的氣流中前進的。」[18]我們向前進的能力，超越了現今的賜予，換言之，相當接近我們談到未來存在的能力，形成一個想像中的明天或明年，而且讓它呈現出來。通過想像性的建構和規劃，也就是斯坦納所謂「公理般的虛構故事」(axiomatic fictions)，談論我們的未來，可以說，在它們朝向明天的醒覺與生活中前進，而不是變成一個關閉和絕望的現今。相反地，一個未來時態的領域是那些能夠想像其他事物之人的保護區，設想改變的可能性；以及去盼望。當然，想像也是恐懼的來源，不論是病態性的或理由充分的；不過，正如我們已經指出的，懼怕和盼望不一定水火不容。盼望並不是用噴霧器噴出景象的難題，而是對於未來的一個想像，那是設想繁榮的方式，縱然有真實的危險和威脅。故此，斯坦納指出，有盼望是人類可以辨別的特性，那是在它的開放性中朝向未來，**縱然**有其恐懼。他堅稱，毫不意外地，我們所認識的眾多種族，擁有高度發展語言模式的，也應該是置於進化世系的頂端的。想像和盼望，相當在乎我們談論未來的能力，是適合讓我們生存的資格。「朝向未來的習性根深蒂固地在我們的語法中，朝向一種不變的(有時是不由自主的)彈性。我們可能會被淹沒，盼望的用語，十分迫近眉睫，把我們推向水面。」[19]「天擇喜歡虛擬語氣(subjunctive)。」[20]

這段記述同意耶穌會作家林奇(William Lynch)的意見，他在一段對盼望、想像和心理健康的冗長探討中，把盼望描述成是邁向未來的一個不變決定；爭取一個超越現今可知的限制和困難；想像一條出路脫離威迫利誘要吞沒或禁閉我們進入一個更明亮和更好的選擇中。故此，盼望是堅持延伸我們可能性的感知範圍，擴闊現實的境況，以致讓我們現今的境況得以視野更廣，從而奪走了它的絕對性。即使在最困難和險惡的處境中，盼望「總是緩緩地承認，所有實情是在裏面，所有門檻已經試過，而它是被擊敗了的」。[21]

在這等事情之中，盼望基本上是對於我們現今的存在有解放和鼓舞的作用。盼望藉著把每一個經驗性的現在聯繫於未來的一個遠象，從而把其改觀。把這一點說得清楚，顯然極其重要，因為宗教性的盼望已經得到一個拙劣的印鑑，那往往是由於錯誤把它看成基本上是一種寂靜主義和他世性 (other-worldly) 的態度，劫掠了我們對抗這個世界不同苦惱的意願。當然，這是馬克思對宗教的盼望所提出的分析。他描述宗教是「人民的鴉片」，正確地辨別出盼望的力量淩駕於存有在現今的方式之上，卻誤解了它的基本動力。對於馬克思來說，宗教是一個宇宙性的阿斯匹靈，由富人和有勢力者故意主導的止痛藥，緩和工人命運的痛楚，並且預防了最終難免要應付對持續的不義、剝削和奪取的反抗。馬克思假設，一個他世性未來的遠景，使受壓迫的羣眾在人間地獄的黑暗現實裏被麻木。這使得我們的虔誠篤信，被所有屬地性地 (政治性地) 利用著。在此，我們認為這個診斷或許可以用於大量生產並在後現代市場裏兜售的虛擬真實中，可是它卻沒有領會基督教盼望的基本要點。

正如我們將會充分見到的，基督教的盼望在其中投注於「他世」的想像，是一個恰當和必須的意識；然而，若是把它理解為寂靜主義，就是完全誤解了它的意向。正如基督教神學家莫特曼觀察到的：

> 信心（不論它是否發展成盼望）所引起的不是安息，而是不安；不是忍耐，而是焦慮。它沒有撫平不安的心靈，它本身正是在人裏面的不安之心。那些對基督有盼望的人，不能再容忍現實的情況，而是開始在它之下受苦，與它衝突。與上帝同在的平安，意味著對世界的衝突，因為應許未來的刺棒無情地戳在每一段未應許的現今之鮮肉上。[22]

莫特曼對宗教性盼望的觀點，立足在馬克思的頭上，而且堅持這等盼望的想像性能力是超越了現今的有限和缺乏，遠離無能為力的抗議，實際上提供了燃料，驅動政治性意志，而且是一切真正對抗賜予者的終極來源。只有在這範圍中，我們可以想像事物是如何有別於它們在這個世界中的方式，它們可以如何在未來改變，它們在上帝最終的心意中是如何的，我們有任何最終理由去拒絕接受世界現今的狀況。換言之，基督教終末論的「烏托邦」在這一方面所提供的，並不比馬克思的選擇少。

因此，在這個層面上，基督教的盼望可以恰當地被視為是人類共有現象的一個遠景。故此，布洛赫（Ernst Bloch）以百科全書式的分析，盼望所用的形式和莫特曼描繪它在人類生活中所扮演的角色時，以類似的特色寫道：「朝向缺乏的拉力永無停止。……我們夢想關於創傷的缺乏沒有減少，而是更多。故此，它防止我們習慣於損失。」[23]盼望是把現今改觀，正是讓我們可以想像性地超越它，並且在我們回來中，十分清楚地看見它的缺乏和需要。按照流行的說法是：「你不會失去你從沒擁有的東西。」不過想像是(因著所有實際的目的)已經擁有，得以嘗到處於遠方的果子，有可能完全消化的欲望，以致因著比較，而實際開始變酸。盼望很快就會開始想出逃離的策略。

事實上，缺乏盼望是病態性的，無望(hopelessness；林奇認為這境況等同於許多精神病形式的症候)削弱了我們的能量，把我們拘禁在一個絕對現在的暴政中。想像力的嚴重失落，使我們沒有能力超越此時此地的顯然限制。從字面上，沒有甚麼可供盼望(「你和我都沒有未來！」是一句經典搖滾樂的歌詞)，我們的指望極微，只能調節成一個循環的模式，在同一的古老死局中，以病態的規律來呈現自己，每一個邀請只是另一次探索，我們完全明白將會結束於無能和失敗的磚牆中。

在我們的社會中，這種無望是令人憂心地出現的。顛覆自不確定和相對性(知識、道德、審美、宗教)的意識形態罪行，壓碎自終極無有的思想(這一方面，正如李爾王提醒我們的，無有總是會來的)[24]，擁有它的盼望是臨時地由進步神話所提出的，只是見到它們再次破碎，西方世界近數十年來已經呈現出共同壓力失調(corporate stress disorder)的症狀。社會羣體(竭盡精力和熱誠奮鬥了兩個半世紀，追逐沒有可能達到的目標)竭盡所能，它的籌備和前行早已出現。終極無意義的深植意識，在每日和每處境況中是有實際的連鎖效應。個人興趣的範圍，不斷擴展在關心的代價中，為了一個可識別的好處以及設計來促使它成就的計劃。真理的死亡威脅，無情地領進人類文化的死亡中，意思是「一個有創意的計劃，在其中人類擁有一個倫理性、藝術性和政治性的角色去扮演」。[25] 似乎，沒有人想再受任何事或任何人打擾。任何公眾責任或關注的嚴肅意義有所失落，這事實反映在一方面是相對少數有投票權的公民身上，他們會選擇在本地和本國的選舉中投票；而另一方面愈來愈多人顯然準備訴諸於反社會，甚至是抗議的暴力形式和直接行動，為的是見到他們所選取的價值得以佔優。

知道沒有出口；沒有前進的道路；沒有可以做的事情，可能轉眼間導致一個狂亂的過度活躍，在其中我們試圖驅走我們的恐懼，那是可能（對此沒有甚麼可以做）由於我們全然埋首在現今所提供的快樂、好處和消遣中。這可能採取純粹麻醉性的快樂主義形式（沉迷於無節制地感覺「就像沒有明天」），或把我們的關注大量投放在人為的、做作的和虛假的目標和計劃中。然而，否定過程的有效性不能持久，而且最終讓路給一個更深和更久的惰性，以及盲目和徒勞的意識。

故此，若不想困擾於一個充滿失望的世界，我們後現代的個人就以我們個人的電視化和電腦化的虛擬真實（不像「真實的世界」）取而代之，我們可以計劃、控制和編輯我們個人的好處和樂事。我們如今不再在羣體中分享，不想面對著其他人，而寧願望著顯視器，登入個人電腦網路，讓我們通過至今難以想像的入口，進入龐大的電子宇宙。但諷刺的是，這同時使我們脫離血肉之軀的現實本身。網際空間的另一個後現代宇宙瞬間重建了那力量的震撼，讓進步的神話約定俗成，培養了「拓荒者心態的迷惑，暗示只要你按一下按鈕，就可以得到（不論甚麼）你想得到的東西」。[26] 因此，在此的問題並非缺乏想像：相反地，遊戲的後現代特質全是關於「淨化的力量，那在存有的經驗性層面（empirical level）是不能做到的，在

象徵性層面 (symbolic level) 卻有可能」。[27] 不過，這樣的想像並沒有對超越性的渴望，也沒有前進和潛在地釋放的方向。它只是展現為一種麻醉藥，代替現實的不同實質選擇，虛構的可能性設計去滿足我們不自然地定下限制的渴望，以致我們不再困擾於 (日積月累地) 人生的真實不可能性和徒勞無功。

在其間，正如我們記得每一次我們離開網際空間，而且讓我們多姿多彩的模擬褪色，我們共同叫人憂心的歷史輪廓仍然是一樣的。事實上，每次褪至個人主義的幻想性威脅，只是藉著改變能量和努力的生命來源而再次增強它們，那是可以按別的方式作出某些細微卻在本質上有價值的分別。在這個意義上，後現代的想像顯然是不道德的。畢竟，它助長了一種抽離公共世界的意識，那是一個社會性的建構，正是我可以選擇是否認同和參與的。正如卡尼 (Richard Kearney) 留意到的，後現代對想像之失敗最嚴重的一個症狀，正是「他人」極可能最終的失落，那是我們要面對的人，他們也是把我們放在某些不能減少的道德責任之下的人，正如同伴一般。[28] 畢竟，假如沒有終極的意義，沒有最後的真理，假如沒有任何事物是真的，那就可以不理會挨餓孩子們的辛辣眼神或難民困惑的面容所流露的無辜，藉著衛星電視穿越全球進入我們的私人空間，或對行兇搶劫視而不見，或讓種族主義者的攻擊發生在我們的門前。我們可以假設，這等事不是我們恰當的關懷，而且不應容許糟蹋我們的日子。故此，我們拉上窗簾，或者伸手去拿遙控器轉台。我們不能對行動煩惱，因為這等行動會讓我們離開我們的個人空間，進入一種複雜的關係，那是令人難堪和代價高昂的，而且至終(我們假設)對任何事情造成的差異非常之少。

當其他人的需要是這樣不再觸動我們裏面任何深層的回應時，當我們藉著令人興奮的(不過至終是預防性的)「虛擬真實」的擬象(simulacra)，能夠滿足我們天生渴望觸及真實的欲求，當我們從大於現實生命的好萊塢英雄身上獲得替代性的認同時，我們的道德感覺藉此得到按摩撫慰，但我們卻不能實際面對相對細小的責任，讓真實的人生偶然臨到我們面前，我們可以肯定，我們人性腐蝕的問題已經變得致命地嚴重。「我可以做甚麼？那有甚麼真正的差異？」這些源自絕望的冷淡問題足以證明，在轉身不理和完全絕望的境況之前，以及重投或這或那的虛擬選擇，那樣**做**只不過是坐下和預備享受死亡。我們是居住(有一首當代的抒情詩埋怨說)在一個塑膠的世界中，在其中現實的新鮮空氣，是僅僅通過幻象的濃厚芳香而得知，這幻象是我們甚至難以自由選擇或為我們而創造的(雖然我們當然是活在我們所是的**幻覺**之下！)，不過那必須是選擇「自由」市場的極權主義所仔細強加的一系列產品：

這個世界正在轉變成狄士尼樂園，
　　而你沒有甚麼可以做
你想要像巨人般步行，
　　但你卻是穿著冥府之神的鞋子……
而答案輕易在於一支鎗管
多過是美女和啞巴的嘴唇
世界不會結束在黑暗中，

它將會結束在家庭的娛樂中

以可口可樂為浮雲，背後是麥當奴大包的太陽[29]

其間犬儒主義的力量，偏執狂患者的私利和熱切的虛無主義(在他們的個人和羣體形式中)高視闊步地走過世界的舞台，愈來愈少抗拒他們的前進。

故此，無望的最終結果，正是甚麼也沒有改變，除了(也許)是它讓事情更糟糕。換言之，這就增強了不可能的原意，而且把無望永遠牢固地鎖定在否認的惡毒和低沉的循環，絕望於許多想像力量花費在無處可做和無處可往中。以下的對話，是來自貝克特(Samuel Beckett)兩個近代不確定的受害者——弗拉季米爾(Vladimir)和愛斯特拉岡(Estragon)，捕捉了有關語調：

弗拉季米爾：(沒有憤怒)那是不肯定的。
愛斯特拉岡：不，沒有任何東西是肯定的。
……
愛斯特拉岡：那不是現在值得做的事。
靜默。
弗拉季米爾：不，那不是現在值得做的事。
靜默。
愛斯特拉岡：那麼，我們可以走吧？
弗拉季米爾：好，走吧。
他們沒有移動。[30]

正如自命是無望的後現代性文化一樣，正是在這種惰性的危險中。那是一種沒有未來意識的境況，而且，不管它在「永無休止的迷宮」[31]中是如何多活動，使它的現今得以絕對化，它卻是任何地方都去不了的。沒有想像性自我超越的恰當行動，擁有正式丟棄的信仰，存在於走出迷宮之路，或有一條金線引導我們到達那裏，那麼它是被它本身的人性損失所威脅的。

對無望的盼望

不是一切的無望，對我們來說都是壞事，更不必說是失去人性了。無望可以是一個完全有益的境況，而相應地，盼望也可以是病態的。在這個世界上，有些盼望把人壓碎，而有些盼望使人自由。它全然在於我們的盼望可以證明如何被建立。盼望是有它在合法性的限制，而且我們正確地辨認它們是相當重要的，以免我們錯誤地把自己投進一個死胡同，一個沒有未來的選擇。除此之外，我們將會活在一個有危險幻覺的時代，最終揭示那對我們的精神健康更麻煩和更有害。

林奇在對這個主題的仔細分析中提醒我們，盼望不只是個人的英雄主體傾向，那種態度是(不論是誰面對它)屬於士兵的，在戰役失敗之後很久仍然拒絕接受戰敗，相信通過它的鬥爭和計謀，情況可以扭轉。真正的盼望是較少注目於它本身的能力。那不是關乎某些被認為是對的事，或選擇的能力，而且為它自己創造出它渴望的實況。真正的盼望基本上是植根於特別的質量和能力，其中在他人裏(在「真實的世界」中)超越了它自己。以林奇的話說，那是「一種內在的意識，協助我們的外在世界」。[32]盼望是對未來真正有可能之事的預感。它是植根在一種直覺的判斷上，關乎手上所有的幫助。在斯坦納的意識中，它是對超越性的押注，在於某些超越我們之外的東西，至今未見，卻是(我們相信)十分真實的。後現代性沒有能力做到盼望，還有另一原因。盼望並不適合一種過於自信的主流個人主義的「自己動手做」(DIY)文化，那是認為「現實」是來自(在某種意識上)其中發現的資源，在那裏超越我們的是形象和模仿的畫廊，並且在其中懷疑(不是相信)是每個人最終的口號。盼望知道它是需要幫助的，而且它認為知道在那裏可以找到。

因此，真假盼望之間的分別，可以說是一方讓這判決正確，而另一方是讓它錯誤。布洛赫堅持，盼望的適當想像力活動的一方，以及他稱為「純粹幻想」的另一方，是有區別的。在前者，盼望是人類意識的一個成分(一個充滿盼望的傾向)，堅實地植根於世界的真實可能性中，即使實現這些的手段和路徑仍然不是全然明顯。盼望憑直覺得知「一個可預期類別的尚未存在」(a Not-Yet-Being of an expectable kind)。[33]它不是一件容易預告的事，因為盼望往往是一種想像方式的伸延，超越了現今可能的限制；但盼望(有別於純粹幻想)把自己依附於一個「真實的可能性」(Real-Possible)，那是某些環境，在其中可能性的境況是真正在於此時此地的狀況和可能性。它是確信，這是驅使盼望朝向它自己的最終實現，致力克服那些可能在過程中被視為不能克服的障礙。我們繼續前進，致力找出一條前路，因為我們相信，前面是有一條路，即使我們還未清楚見到它。想像使我們的發動機有燃料邁向未來。另一方面，純粹幻想只不過是把我們的欲望投射在未來有可能的空格上。沒有任何東西是憑直覺知道的；沒有任何對超越的嚴肅押注；我們只是在其間娛樂我們自己而已。這樣的幻想沒有釋放的潛在能力。正如我們已經見過的，那是分散了面對現實的注意力，只可以在它的幻覺凋零前苟延殘喘，並且要由其他東西取代。最後，它使我們更牢固地困在一個現今有限和無望的範圍中。真正的盼望釋放我們，驅使我們前進。虛假的盼望欺騙我們，遺棄我們，無精打采的，基本上就在我們開始之處。

林奇認為，想像可以是富有藝術性或神經病患性的。藝術家藉著想像力的自我超越，為我們開啟了真實的異象(包括它的可能未來)，通過在超越性的一個創意押注，實際上有助「創造人類未來和擴展人的可能性」。[34]神經病患性的想像，局限了我們的思想和感覺，通過(人工)限制的意識形態欺騙在真實的景色上。後現代性這樣做，首先通過不確定的極權主義負擔，然後為我們的內住而推銷一系列另類的虛擬真實。因此，它壓碎了我們對真實盼望的能力，正是為了讓路給一個虛假或幻覺之類的盼望。在後現代世界中，我們的渴望(從而是我們的行為模式)是仔細控制在那些我們容許為我們創造「現實」的人，他們通過形象的操縱和行銷，塑造我們的形象，影響我們的渴望。

雖然，或許在二十世紀結束時，我們欠後現代性一種感激之情，至少因為它揭露了進步的意識形態。這種意識形態，在我們已經考慮的意識中，正是一個虛假的盼望，提供一個幻覺似的未來，最後在我們眼前凋萎。我們從它得到解放，只可以被視為是一件好事，因為(正如林奇認為的)那裏是沒有幫助的真正可能性，在那裏我們沒有面對一個真實的可能性，某種絕望的類型(即對我們的限制之嚴肅承認，面對我們境況的現實）正是要接納的最健康態度。對於分辨我們在這個世界中有何是能與不能，正是人性的基本。

問題是，後現代性讓我們困擾於一個差不多包羅萬象的絕望之中。在這個世界，不是所有事情對我們來說都是有可能的；然而有許多事情正是這樣，而且這些可以合理地提供盼望的目標，讓我們向前觀望和移動。即使我們的目標和計劃是有限的眼界，以及規模相當小（神話的宏大烏托邦已經揭露了一個幻覺），它們本身卻是完全美好的，也是可以發揮效能的適當東西。那就是說，它們作為盼望對象的價值，並不繫於它們被認為是朝向烏托邦的成功階梯。不過，後現代性似乎容許（或被迫容許）它對宇宙的絕望流經人類存在的整體，劫掠了它的能量，而且甚至朝向細小和短期的目標。這暗示了，盼望**在**歷史中的穩定性可以最終證明是視乎某些對歷史盼望的存在，那是在終極之前，並且小規模的盼望難以（即使並非不可能）支持，那是沒有堅固的基礎給一個最終和宇宙性的盼望存在。那就像閱讀某些小說一樣：預早提出了警告，那麼結局就變得差勁了，因此叫我們失去了對餘下章節的熱情。我們也要耗費我們的精力和注目在其他地方。

這樣的一個最終盼望（相信「美好結局」的信念）對人類是不再有可能嗎？不在於我們致力把它植根於現代或後現代的意識形態的土壤。這不是有能力支持一個「盼望的生態」，原因我們已經見到。當然，它們這樣做的失敗，本身並沒有做了甚麼，使基督教盼望的大綱值得相信，更不必說是證明它的真理性。然而，或許它至少躊躇於思想和提問，基督教終末論的想像性資源的仔細考慮究竟是否過期。畢竟，在這樣的冒險中，有甚麼會損失？正如我們所見，其他的危險是十分高的。我們的人性本身可能受到威脅。正如布洛赫、斯坦納、林奇及其他人建議，假如盼望的條件在某程度上是基於人性，那麼「人性的成熟」的失敗，就發現適當地繫於盼望（那是使事情溫和的！）呈現了一個嚴重的問題。人類不斷追求意義、真理、良善和美麗（盼望的投射），難道只是一個對我們開的病態玩笑，是一個沒有道德和價值的進化過程？那是不能滿足於對這問題有武斷的負面答案嗎？或它是指向在診斷中的某些缺陷？

在基督徒中，這無疑是義不容辭的，在這等問題成為迫切的處境，返回他們的傳統，以及讓他們熟悉它的特殊形象和想像未來的方式，並且讓這些在為公眾考慮的智性當代版本中可用。他們無疑也歡迎和願意聆聽其他聲音、宗教或別的東西，對於有關討論，那是有重要貢獻的。當這個目標在進行時，愈來愈清楚地，基督教的故事（即使它的真理被視為是一個假設）要提出一條路線超越困局；一個來自後現代失望的迷宮的出口；一個可以讓盼望的生態得以繁盛的環境。而且它這樣做，正是藉著它獨有「對超越的押注」的優點。

歐文（Wilfred Owen）的詩歌〈徒然〉（Futility）表達在面對死亡明顯終結的面貌中，對與生俱來的人性懷疑：

將他移到有陽光之處——
陽光曾輕柔地喚醒他，
在家鄉，未撒種的田野正低語訴說。

……

想想它如何喚醒子子孫孫，——

也曾經喚醒冰冷星球上的一塊泥土。

難道這四肢，長得如此完美，這軀體，

如此充滿勇氣——依舊溫暖——卻已僵硬而不
　　能再移動了？

難道這泥塊成長就是為了今日？……

在布里頓（Benjamin Britten）的《戰爭安魂曲》（*War Requiem*）的歌詞中，這些用詞（以及其他像它們的）是煽動地並列於基督教禮儀的精髓。詩人的嚴詞結語寫道：「噢！為甚麼那愚昧的陽光要如此多事，驚擾地球的沉睡？」是遇到古老的祈願，「憐憫一切的主耶穌，賜給他們安息」，並且處於祈求永恆亮光的更廣闊的處境中，以及應許給亞伯拉罕及其後裔從死亡進入生命的過渡。

這個簡單的並列所產生的張力，向我們指出從基督教盼望而來的資源，那是為了世界及它的未來需要，並且來自盼望的一切本地支流，以及為行動而最終傾出的力量。使徒保羅在暗示他於亞洲受逼迫的經驗中寫道：「自己心裏也斷定是必死的，叫我們不靠自己，只靠叫死人復活的神。」[35] 這樣美好地總結了事情。重點是，人類生命的悲劇層面是不能和不會在歷史或自然的界限中得以解決的。不論是最先進的技術或巧妙的人類計劃，抑或是陽光的溫暖和其他賜予生命的光線，都不能夠像詩人見證般，把不重要的損失提出。而且在這方面，我們的個人死亡，成為死亡更廣闊接觸及它在人生中的黑暗力量的深刻象徵。假如這是真的在我們個人有限的層面，那麼它更是關乎人類故事作為整體的意義和實現。假如這個故事是有喜劇而不是悲劇的結局，那麼，基督教信仰承認，它只可以通過復活的上帝的籌謀，這位上帝可以為死人帶來生命(存有出於非存有)，而全是解決妥當的，並且一切事情最終永遠地一起工作。

換言之，我們將會最終被營救(這個隱喻是常用的，卻沒有那麼仔細地用引導我們的「拯救」一語)離開歷史的海難，藉著一個站在它的地平線之外者。在自然或歷史中的可能性或潛在性，沒有甚麼認為自己可以對一個不止是人類故事的悲劇結局負有責任。不論人類的成就有許多是值得讚賞和美好的，重新整理鐵達尼號(*Titanic*)上的艙椅，而且稱它為一個向前的新方式，一個新世界秩序，或不管甚麼，將不會真的溶化有限的冰山，在其上我們的夢想和盼望似乎必然會擱淺。因此，由於想像是拘禁在內在的有限可能性中，它似乎有甚少真實的盼望。不過，在基督教信仰的邏輯中，那不是有限者的可能性，在其中我們蒙召投入我們的信靠，而是有上帝同在，因著祂而凡事可能。當然，正是這個世界將會如何結束，那是某些在最嚴格的意思中現今超越我們想像的東西；不過正如我們將會見到的，信心是培育自一個形象的豐富貯存，以致可以想像那不能想像的：一個世界沒有更多戰爭；沒有更多受苦；沒有更多死亡；沒有更多損失。一個世界在其中所有歷史的未實現的可能性，都將會以某種方式得以實現，所有損失弄好了，所有不公義得以恢復正常。在一個世界中死亡的霸權將會最終在一切生命的完滿建立中被砸開和吞滅。

故此，藉著盼望的一個想像性訴求，超越歷史性和自然性的界限，以致基督教信仰得以被喚起和承擔。相信上帝和耶穌基督的父，就是相信把耶穌從死裏復活的上帝，這行動乃是在於它必然呈現為在歷史中發生的，必然等同於承認超越歷史這等可能性的範圍。在這方面，耶穌的復活是基督教盼望的典範，而且它的基本動力是反映在許多其他聖經記載和基督徒經驗的特色中。就像基督教信仰本身在約翰的記述是「重生」[36]、「從上而來」一樣，它不是以純粹人類或歷史的用語來記載的。它在此時此地之中，源自上帝的介入。它是在世界中，卻不是屬於世界的。正如莫特曼建議，[37] 釘十架的耶穌與復活的上主之間的關係，因而必然在這個世界的悲劇限制與令人驚異者（上帝新創造的宇宙性層面）之間，提供想像其關係的形態。這後一個形象，談到在舊與新之間在延續中的斷裂（rupture-in-the-midst-of-continuity）。正如上帝在聖經最後一段話中說：「看哪，我將一切都更新了！」[38] 所有事物不會**成為**（become）新的，即通過某些自然過程或人類的工作計劃；卻是必然被**造成**（be made）新的了：造成新的了，那就是說，因著同一的創造主上帝，祂在開始時造了他們，而且祂時刻地在存在中恩慈地保守他們。故此，這是一個真正的新穎（newness），完全超越此時此地悲劇性限制的境況；卻是不會崩潰為新奇事物（novelty），在其中這個受造物不再是上帝的關懷與行動的對象，已經實際上由其他所拋棄和取代。

要明白的是，這個盼望的首要範圍是在未來。那就是說，新的創造還沒有出現，而且當它這樣做時，它將會涉及我們所知道的宇宙最核心的一個徹底重新設計，這件事的意義只有在我們開始想像時才能理解。不過，這沒有使基督教的盼望失去了現今的意義，彷彿我們要坐下來，等待上帝介入，落下歷史的最終帷幔。正如我們已經見到的，真正的盼望是有能力去改變我們對現今的認識和經驗，而且改變我們在世界的存在方式的。故此，它是關乎基督教信仰的，其中最重要的是向前看和向前走。作為一個基督徒，可以定義為活在由復活所投下的亮光之中；那就是說，活像那些堅持解釋這個世界在於它讓我們知道的（驚奇和意外）未來的人，在耶穌因著祂的父在聖靈的能力中得以復活。在這個意義上，基督教的盼望理所當然是「他世」的。在此，我們可以提出這觀點，就這一點而言，那是可以做到馬克思的烏托邦所不能做到的，後者最後是為人類境況提出一個不夠充分的診斷和處方。

不過，在其中，有比這些更多要說的事。由於它是基督徒對這世界的觀點的一個主要部分，在其中確認它為上帝應許未來的休養預期的散亂行動，正如同一的聖靈把耶穌從死裏提升，進入生命、健康、信心和盼望，那是除此之外不能預計；也不能全盤計算的。這樣的預期是**在**（in）在這個世界中找到的，但它們卻不**屬**（of）這個世界，意思是在其中可供識別和充分的自然經歷。它們是屬於上帝的未來，在其中它們是傳訊者，並且朝向它們引導我們有盼望的凝視。在這等事情之間，由未來製造現在的力量被彰顯出來，新創造的光輝照耀透歷史的沉重雲彩。在其中，基督徒是被呼召認同和參與在上帝的聖靈中，在其中他是致力塑造新者真正臨在於舊者之中，使它進入自我超越中，即使它最終將會成為的部分期盼。故此，盼望是一件動態的事情；它難免讓我們涉及一場對抗這個世界的封邑和力量的鬥爭，那鬥爭在其中諷刺的是我們得以不用懼怕和內疚於知道我們內外都不能得勝；然而，我們被鼓勵同樣肯定因著上帝與耶穌基督的父，凡事都有可能，而且祂應許讓所有事情都變成新的。

倘若耶穌「被釘－復活」是基督徒終末性期望的範式，那麼在某種意義中，我們必須假設我們自己是盼望的子民，處於聖經沒有告訴我們是甚麼情況的一天：復活節期的週六。[39]一方面，這一天是在受制於受難節（Good Friday）的事件中所象徵的一切歷史恐怖，而另一方面是在於上帝開啟的未來，祂在復活節（Easter Sunday）的黎明從死裏得生。在期間，我們是生活和游走於盼望之中，能夠直截面對，以及在一切對他們的威嚴，那是歷史的可怕層面，在其中那些暫時的範圍是我們實際仍然生活的，並且只是因為歷史的恐怖不再困擾我們。相反地，藉著我們想像的束縛，上帝的靈驅使我們前往祂自己未來的實存，那是其開放性不再是一個威脅的未來。因此，在上帝呼召我們的影響之下，反成為那喜樂的能量之源，而上帝呼召我們，正是為了現今，在世界中生活和忙碌。

註釋

1 Jonathan Sacks, *Faith in the Future* (London: Darton, Longman and Todd, 1995), 150.

2 Helen Gardner, *Religion and Literature* (London: Faber, 1971), 22.

3 把人生比喻為悲劇，並不會推得太遠，正如默多克（Iris Murdoch）提醒我們，因為藝術形式的設計（就像觀眾的基本分別）是悲劇的概念和經驗的一個基本部分。參 Murdoch, *Metaphysics as a Guide to Morals* (London: Chatto and Windus, 1992), 92f.。

4 莎士比亞：《李爾王》，第一幕，第一場。

5 「所有進來的人，放棄一切盼望。」Dante Alighieri, *The Inferno*, Canto III.9。

參 Mark Musa (ed.), *The Portable Dante* (London: Penguin, 1995), 14。

6 例如，康德認為在悲劇中，崇高(「傲慢的有力畏懼，那是理性存有所面對的世界附帶叫人敬畏之處」)和美麗是這樣熔合，提供一個「暫時的，可能是教化性的，神聖的偽裝」，即使在角色的歷史中我們難以找到教化之處。參 Murdoch, *Metaphysics as a Guide to Morals*, 100。

7 William F. Lynch, *Images of Hope: Imagination as Healer of the Hopeless* (Dublin: Helicon, 1965), 21.

8 莎士比亞：《李爾王》，第五幕，第三場。

9 例如，參 Don Cupitt, *Radicals and the Future of the Church* (London: SCM Press, 1989), 15。

10 George Steiner, *Real Presences: Is there anything in what we say?* (London: Faber, 1989), 227.

11 Steiner, *Real Presences,* 226; 另參 3～4。

12 「結局被調解的虛構故事」(a fiction of resolution)一語，創造自 Deirdre David 的 *Fictions of Resolution in Three Victorian Novels* (New York: Columbia University Press, 1981) 的不同內容，摘引自 Edward Said, *Culture and Imperialism* (London: Vintage, 1994), 91。

13 Gardner, *Religion and Literature*, 89.

14 Herman Melville, *Moby Dick* (London: Penguin Popular Classics, 1994), 26.

15 Lynch, *Images of Hope*, 31; 粗體字原文為斜體強調。

16 Lynch, *Images of Hope*, 44.

17 George Steiner, *After Babel* (2nd edn., Oxford: Oxford University Press, 1992), 145.

18 Steiner, *After Babel*, 168.

19 Steiner, *After Babel*, 167.

20 Steiner, *After Babel*, 228.

21 Lynch, *Images of Hope*, 35.

22 J. Moltmann, *Theology of Hope* (London: SCM Press, 1967), 21.

23 Bloch, *The Principle of Hope* (3 volumes, Oxford: Blackwells, 1986), 451.

24 莎士比亞：《李爾王》，第一幕，第一場。

25 Kearney, *The Wake of Imagination*, 359.

26 Ziauddin Sardar, *Postmodernism and the Other: The New Imperialism of Western Culture* (London: Pluto Press, 1998), 62.

27 Kearney, *The Wake of Imagination*, 367～368.

28 Kearney, *The Wake of Imagination*, 361f.

29 取材自 The Beautiful South 的一九九七年唱片集 *Blue Is the Colour* 的 'One God'。

30 Samuel Beckett, *Waiting for Godot* (2nd edn., London: Faber, 1965), 53～54.

31 Kearney, *The Wake of Imagination*, 360.

32 Lynch, *Images of Hope*, 40.

33 Bloch, *The Principle of Hope*, 144.

34 Lynch, *Images of Hope,* 65.

35 林後一9。

36 約三7。

37 例如，參 J. Moltmann, *The Coming of God*, 28.

38 啟示錄二十一5。

39 參 Steiner, *Real Presences*, 231～232 的有力反省。

4

模糊的異象：
盼望、想像和難喻之事的修辭

> 血肉之體不能承受上帝的國，必朽壞的不能承受不朽壞的。
>
> 林前十五50

我們說過，盼望是想像的一個活潑功能，放置在我們人類的心靈中。它此外特別是一種想像的能力，跨越當下的界限，追尋比現今所能提供更多、更好的東西。基督教主要是一個以盼望為特徵的傳統。它是往前看的，同時重視這個世界和另一個世界，而它的盼望是投資在上帝的能力和應許上，那是在耶穌的受死和復活中可以得見。因著信心，這同一位上帝讓我們得以脫離罪惡和死亡的格局，那就是我們過去和現今的狀況，祂也讓我們進入祂的未來，那是由復活作為記號和保證的。

未見之事的確據？

不過，認定盼望是一種想像性的領域，立即引申至我們探討和理解（在聖經或在其他地方）基督教盼望表達

的典型方法。換言之，當基督徒談到上帝的未來時，他們是在說哪**類**陳述？語言在此是怎樣運用的？我們因而應該如何處理這類陳述？為了方便起見，我們首先提出兩類不同的方式，一般認為那是誇大和粗淺的分析，在其中終末性的陳述(關於「末後的事」〔The last things〕或終末〔*eschata*〕的陳述)必然也經常被提到。

第一類方式是把終末性的陳述視為有直接預言的力量，直接描述在適當時候有何事將會發生的狀況。按照這個觀念，聖經對以後的記述，足以讓基督徒有幾分預見未來，瞥見上帝對待人類和宇宙的最後一幕，從其中有足夠的事實、人物和其他資訊的點滴，可以讓我們能夠有信心談到終極未來的基本形態和內容。公元四世紀的非洲神學家奧古斯丁(Augustine)在他的《上帝之城》(*City of God*)一書中，就提供了上述取向的一個好例子，當時他對那些在地獄中的人是否可能被火焚燒的問題，作出詳細而持久的反省，當他們感到被燒的痛楚時，他們不是真的會被火燒得灰飛煙滅，地獄的苦楚當然是永恆而非短暫的。[1]他提出問題和答案的語調，假設了我將要指出的，是一個對終末性語言過分「字面」和根據事實的解釋，乃是把此時此地的境況和潛力延伸至以後的結果。換言之，它是把歷史學者所謂「類比的原則」(principle of analogy)倒過來運用，那原則是在現今的經驗所能確實、可信和可知的基礎上建構它對未來的觀點。[2]故此，奧古斯丁為他的讀者指示一個此世的神迷現象，在其中近似火燄卻並不表示結果會是灰飛煙滅的。他這樣做的目的，正是要建立對另一世界的(所啟示的)「事實」的可信性，而且維護它不受異教徒的嘲笑。

另一類取向不會想到去問(不論它是否可能)這等粗淺的問題，更不必說是試圖回答它們。它把終末性的陳述解釋為基本上是詩體文學，而不是事實或科學的作品，故此完全不會致力以任何嚴肅的意圖去描述或傳遞關於未來的「資訊」。因此，聖經的異象，例如上帝的新創造或上帝的國度，都可以告訴我們很多關於政治的或屬靈抱負的事情，個人和羣體在突破時的價值和願望，或被理解為作者和原讀者所身處時代的象徵性註釋，它們既不想也不能告訴我們任何未來的確實東西(更不必說是終末一刻的遙遠未來)。假設它們有此可能，只是犯了一個基本類型或體裁的錯誤，而且迷惑我們自己，使我們不能領會我們在此時此地情勢的實況。這個觀點，在二十世紀中葉，由德國新約學者和神學家布特曼(Rudolf Bultmann)提出並通行。布特曼主張，終末性語言與新約許多其他地方一樣，被歸類為「神話」，這是以想像性的方式，為人類處境的普遍特性披上外衣，以便生動地表達關於它們的真理。故此，有關上帝的國度、終末、最後審判等用語，實際上被視為根本不是論到未來的神話用語方式，而是關乎現今。尤其是，「人們被告知這個現今世界(自然和歷史的世界)，也就是我們作息和計劃的世界不是惟一的世界；這個世界是短暫和瞬息的，對了，至終在面對永恆之時，最終會成了無意義及不真實。」[3]這類神話(一般是這樣認為的)試圖告訴我們的，不是關於這個世界的未來，或它的最終命運。它們所關注的是現今的層面，從而改變我們在其中思想和行事的方式。

一般而言，關於未來的邏輯討論，以及尤其是基督教盼望的內容，兩者都是存在著問題的，以致上述的第一類取向站不住腳。在對未來的解釋談論中，我們以可靠的直接意圖或成就來投資在它身上的意願，一般是繫於它與我們過去和現今所知道及經驗(或曾認識及經驗)這一切的延續關係，或相信它們是(或曾是)。換言之，整體來說，我們是運用了類比原則的某些版本，即假設(以寬鬆的用語)未來是彷如過去和現今的形態。故此，我們對明天或下週要做甚麼的說法(「我將會在十一月二十七日離開三藩市，飛返英國」)，就像是衡量它的基本價值，與我們相信它在現今的價值一樣(我有一張票，我十一月二十八日在三藩市沒有法律上的束縛，諸如此類)，而且關係的推斷和秩序的延續，也是取自我們對過去的經驗(十一月二十七日將會真的跟著二十六日再次在這一年出現，正如以往，而「我」在十一月二十七日將會像今天一樣是同一個人，並且繼續下去)。當然，意外事故可以造成一個相當不同的結果。我的班機可以取消。我可能在一輛三藩市電車的輪下早逝。這樣的事情都可能出現。關於未來的「事實」或直說陳述，在事情的日常運作中，因而永遠不可能確定；而當我們這樣說時(「我在這個下午會去理髮」，「在三個月之內將會有一次日蝕」，「宇宙最終將會在大爆炸中回到煙沒的狀態」)，我們就留有餘地，不會像其他斷言一樣(「第一次世界大戰結束於一九一八年十一月十一日」，「昨天下了大雨」，「我有頭痛」)。我們假設，越遠的未來，由我們說話的現今所到達，便越多空間，容讓不同類別的偶然事件介入我們的意圖或估計，更少肯定我們的斷言可以被判斷。

那些堅持認為終末性語言較為字面或直接解讀的人，可能想把他們的論點訴諸於啟示的範疇，以支持他們的理據。畢竟，「啟示」正是要彰顯出某些以別的方式仍然隱藏或模糊的事情。那麼，難道不可以認為，在聖經的終末論中，我們面對的正是這樣一種驚異卻真實地暴露的實況，關乎歷史朝向終末的樣子與內容？對此的一種回應可以對文學體裁的謹慎思考及建議(相關的聖經材料本身，也許並沒有被它們的作者或第一批讀者視為有意標示未來的歷史)作出表達。然而，我們在此將會提出不同的考慮，其起始點正是在基督教盼望的內容本身。

「看哪，我將一切都更新了！」

基督教的盼望，最終不是投資在現今事物的環境、現狀和潛力的延伸或發展，而是在上帝的決定性作為，祂從起始就稱這同一秩序是從無變有，而且應許我們，我們境況的轉變十分徹底，就像在描繪一幅從神看來是全新的創造行動一般的圖形。

探討這方面意義的方式之一，是思考「新」字在聖經預言和啟示文學中的意思。相關的希伯來字(*chadash*)就像英文一樣有幾個意思。它可以只是指同類東西的另一個。例如，一個「新」王(出一8)，正是指在君王接續中的下一個王。不過，同一個字也可以指從品質上是新的；史無前例的；完全勝過舊的新品種。希臘文在此的優點是有兩個字(*neos* 和 *kainos*)，其中 *kainos* 較為自然或恰當地指在本質上的新。這個區別並不全是可以在新約的用法中見到，卻佔了相當大部分。

當代文化總是沉醉於淺薄新奇，以及慣於假設新穎的事必然更好，這種現代主義者的偏見已經被商業主義所劫持。新穎已經變得十分平庸，以致我們難以理解在聖經文學中性質新穎這概念的力量。或許，我們首先要再次聆聽傳道書的傳道者清醒觀察：「日光之下並無新事。豈有一件事人能指著說這是新的？哪知，在我們以前的世代早已有了。」(傳一9～10) 人類的歷史和經驗基本雷同的這種乏味感，為我們突顯了那些所有在先知書中的章節，談論到某些即使對傳道者的嚴格標準來說也是新穎的東西，上帝的行為，遠超過事物的一般狀況，總計是一個新的創造。與我們不同的是，聖經作者實際上相當吝惜地用「新」字。這個希伯來字在舊約中只出現了五十三次，其中超過四分之一是在先知所用的獨特文體中，見於耶利米書、以西結書，以及特別是以賽亞書四十至六十六章。

這些先知確信，他們預期從上帝而來的，在未來從本質而言是新穎的，那是先前所沒有的。故此，耶利米預見一個新約，「不像」(相當有別於) 西乃的約 (耶三十一31～32)。以西結期待上帝賜給祂子民的新心和新靈，有別於他們肉體中的石心 (結十一19，十八31，三十六26)。這種意識可以被稱為超越的新穎 (transcendent newness)，顯然特別見於以賽亞書最後數章，在其中盼望上帝為祂的子民做出史無前例的救恩行動。這是以往未曾聽過的事 (賽四十八6～7)。那將會是難以置信的事，即使是上帝以往在以色列偉大的拯救行動中，這等「從前的事」也不再被紀念 (四十三18～19，六十五17)。這個建議值得注意的性質，不應受到忽略。以色列的上帝是藉著祂在歷史中偉大的救贖作為，讓人得知祂的本性。然而，先知在此對那些信心是如此「歷史性」，而且對未來的信心也是 (這可以理解的) 根據上帝在過去的信實的人說：「忘記出埃及吧！這是某些確實並真正**新穎**的東西！」當然，先知本身實際上有描繪先前的事（五十一9～10，六十三7～16），而且他把新的東西敘述成（在某意義上）一個新的出埃及；然而，那新穎是這方面的一個活潑層面。在最重要之時，他運用了類比，那是他在別的地方沒有充分表達的。他以某種方法承認，他所說的情況相當新穎，以致它不能適當地被描繪或理解為任何熟悉的形象或經驗。這樣堅持以賽亞書四十至六十六章的預言是徹底新穎的，肯定是以色列從公元前第六和第五世紀逐漸被擄歸回時，沒有找到這些預言完全實現被耗盡的原因。空前新穎的語言，在其中它們被拋離了任何歷史的真實性，產生了一個盼望，我們可以形容為恰當的終末性；換言之，不是直接針對此世事件的任何一樣，而是對著「末後的事」，在其中此世和歷史將會達到它的恰當結果，因而把某些事完全改變成新。

在以賽亞書及其他地方的章節中（賽四5，四十一20，四十五8，四十八7，六十五17～18；詩五十一10〔12〕；比較出三十四10），當提到上帝在性質上的新穎行動時，運用了特別的神學用語，那是在聖經中特別用作描述上帝的創造行動（*bara'*）。它的新穎似乎不能源自創造本身，因為它對創造而言是新穎的。它是來自上帝創造能力的無限潛能。這讓整個被造現實的新創造得以成事。因此，「我造新天新地」（賽六十五17；比較六十六22）。或者，正如啟示錄重述這個神聖的宣稱：「看哪，我將一切都更新了！」（啟二十一5）。而先知也藉重覆以賽亞的話來解釋：「以前的事都過去了。」（啟二十一4）

聖經把救贖喻為一個新創造的形象，其神學的力量不可以被低估。它所指向的是一個宣稱(作為基督徒)，我們的盼望不是投放在恢復原狀上，也不是找出一套適合此時此地的調節系統，而是在於完整地從基礎開始詳細檢查，而這詳細檢查最終會有一套全新和不同的存在秩序。當我們可能想要堅稱這個「新」的創造將(不同於它的原來配套)不會是從頭開始(*ab initio*〔不是一個**新奇的**(novel)創造〕)，而確實是一個現存失落秩序的再創造，然而重要的是承認，這樣的等同和延續當最終可能證明是存在於兩者之間，將會在這樣地徹底更新中出現。另一種談論它的方式是暗示新舊之間的關係，將會成為一個記號，呈現出相當大程度的中斷。這樣做，我們對這新秩序的期望，就不應隨便地被世界的能和不能所壓制或設限，正如我們所知道和經歷的，而是只有藉著上帝的能力而讓「一切成為可能」。以莫特曼的謹慎用語來說，這個世界「不能承受」新的創造，不能產生它。[4]產生新事物的潛能或能力，不是在於舊事物的身上，而是完全取決於復活上帝的新穎作為。現今並非懷有未來的胎，除非這是童女成孕的上帝在工作，在其中喚起生命，在那裏只有死亡和腐朽的可能性。新秩序的真正期盼可能會闖進歷史之中。福音書的作者正是這樣思考神蹟奇事作為耶穌事奉的特徵。不過，這些事在發生時之所以惹人注目和令人驚訝，正是因為它們並不屬於或符合我們在世界中對延續和秩序的日常期望和感知：它們是由上帝的靈，在此時此地作工中的新鮮主動性所喚起的，即使有此時此地的限制。

我們怎能言說我們所不知道的事？

一方面，這世界的現實性及內在可能性，與另一方新創造的現實之間的不延續性，是隨著並需要在我們說話和思想的方式中有一個進一步的不延續性。當我們談論新的創造時，我們是運用語言，訴諸於圖像與事態，取材自這個舊的秩序，這個世界是我們所知道並且過去經常討論的。原因簡單明瞭：我們實際上沒有其他語言可用！這個世界全都是我們所認識的，而且我們所擁有的一切語言，都是設計來談論(或基於)我們所認識的這同一個世界。在這一點上，引入啟示的範疇，實際上並沒有解決這個難題，而是把它突顯出來。啟示的事件只能夠向我們顯示某些東西，假如它臨到我們的處境，並且吸引(而在過程中無疑地改善)我們慣常的思想和談話方式。不過，當現實所揭示的是一個本身超越了在人類說話和思想發揮之職能的恰當範圍時，那似乎就有明顯的困難了。基督教神學早已知道和承認這一點，正是我們關乎神本身的知識和言語的情況。上帝不是為我們語言所屬，並可以恰當說明的世界的一部份；那麼，如何才可以有意義地談論這位上帝？我們在此提出的建議，是基於這個處境與那我們所面對在談論終末性未來的處境之間存在著相似性，後者也(儘管在一個相當明顯的意識)超越我們世俗言談的範圍。嚴格地說，屬於此時此地的語言，根本不適宜用來談論超越此時此地的事。然而，除非我們滿足於不可知論的沉默，否則我們必須談及上帝及祂所應許的未來。

這樣對上帝的未來的沉默和不可知論，在基督教信仰來說，不是一個嚴肅的選擇。堅持終末性的用語，最終不可以也不能夠告訴我們關於未來的事物，就像一個建議，提出上帝本身是不可以談及任何關於祂的未來一樣，同樣毫無作用。為甚麼？因為(正如我們已經指出的)基督教基本上是一個向前看和向前移動的信仰，朝著並活在指回上帝應許未來的亮光中。換言之，基督教信仰基本上是對上帝和上帝的世界有一個具盼望的關係。它超越了任何個人當下的界限，眼光超越此時此地往往是黑暗和難以忍受的經驗，拒絕接納人生常見的受苦、不公、缺乏和損失，並不是向上尋找到達一處「屬靈」逃避此世之地，而是前瞻一個這等事情將會停止之時候，以及讓痛苦損失被救贖和設計成某些更好和更耐久之物。故此，信心肯定不是由一種漠不關心的態度或被動地對抗世界的方式所主宰的。相反地，那是涉及它是正當的**基督教**信仰的範圍——這個信心是植根在上帝對祂的遠古彌賽亞應許和目標之信實上——它將會由頭至尾都會被呼召所塑造，這呼召是被召「成為聖潔」，要不同的，是**在**世界中，而不是**屬**這世界的：並且這同一呼召的完滿，不是由內向地形成某些「屬靈」羣體而達至，而是藉著把我們主動沉浸在世界黑暗的最深處並最墮落的角落中，如鹽如光般，帶著默默地轉化性的影響。信心是一種生活在世界的方式，拒絕屈服於此時此地的主宰，透過承認一套不同的價值和目標。信心見到這個世界有一個相當不同的目標和結局，不同於世界本身所有和指向的。因此，它似乎是在歷史中的一種怪事，彷彿不能被說明，而且顯然在高唱另一本與其他人不同的歌譜。一個可用的較佳形象，可以是「一個不同故事的部分」，因為實際上是信心發現了它自己是甚麼。對於基督徒在世界的獨特方式的泉源，是等同於以信心相信上帝未來的狀況。我們可以說，基督徒生活猶如另一個故事中的角色，或至少是同一個故事卻有相當不同結局的景象，其結局改變了現今一切範圍的意義。事情可以是怎樣的，只可以最終在它將會是怎樣的亮光中被理解；因此，上帝的未來返回現在，並且把它浸浴在一個相當有特色的亮光中，美化它，產生了另一種身處其中的方式。某程度來講，基督徒全都是「聖潔」，被分別出來，與別人不同的，這將會主要是由於顯而易見的怪事，就是他們朝向人類故事的一個不同結局觀望和邁進。若要成為一個基督徒(一個有信心的人)，我們可以說，正是活像一個以上帝的未來塑造現今的人。這樣，對於世界在上帝的未來中的命運持有不可知論，顯然就不是一個基督教的觀點。終末論的取向是致力解釋關於這個未來的一切說法，它是以隱藏或非直接的談論方式，指出某些其他事情，因而這取向不會在基督教信仰的邏輯結構中對盼望承擔責任。布特曼正確地堅持，終末性的陳述，是有一個活潑的此世性指向和意義的(這一點我們將會在本書最後一章中再行討論)，不過他誤解了它們的邏輯。終末性的語言不是把現今沐浴在抽象的「永恆」亮光中，而是在可識別的未來，那是在上帝的手中，那是可以**並必然**被想像為一種催化劑，以及基督徒活在此時此地的模式。布特曼對於未來的非神話式「不可知論」，預示著突然停止信心，反覆灌輸一個惰性，把信心束縛在一個全然和絕望的現今中。在字面上，這產生了一個沒有盼望的神學，讓基督徒比任何人更值得同情。

那麼，我們似乎陷入了死胡同。談論上帝的未來，不只是值得嚮往的，更是必須的，以致基督教信仰真的成為**基督教**的信仰。它是通過在盼望中說話，喚起一個全然他者和美化宇宙的有力形象，讓信心是脱離罪惡和死亡的模式，因而直接有助現今的改變。基督教信仰向前驅動，朝向上帝國度的實現，在它為那國度所作眾多陳述的氣流中，那國度是上帝的新創造。然而，基督教信仰的本質，它的直接訴求超越了我們的語言和思想形式自然可達之處，到達一個全然是「新」的創造，強迫承認這樣的説法是(在最嚴格的意義來説)不可能的。對於一個全新的東西，我們無話可説。那麼，這為我們留下了甚麼？

想像的邏輯

它使我們回到承認盼望的基本想像性質，而且暗示那是終末性的陳述，因而可以被理解為想像性的產品。惟恐這被誤解，首先在虛構的想像(imaginary)與富於想像力(imaginative)之間介紹一個粗糙卻可行的區分，這可能是一個好的概念。在存有的意識中，我們不會説基督教的盼望是虛構的想像，只是人類想像的成果，而與實存(在這情況中，是指未來的實存)只有些少緊繫或關聯。在人生中，想像是比我們往往承認的更為普遍和複雜的現象，而它的結果也不只是幻覺和恬不知恥的無聊。

正如我們在第三章中提到的，想像的一個基本功能，就是讓我們能夠以某種方法超越既定的限制。藉著想像，我們可以提出現實的事態，那是在其他地方欠奉的，不存在於我們現今所經歷的世界。故此，例如在記憶中我們經常可以想起以往是怎樣的，把事態、人、地或物呈現——或再呈現——在意識中(而且經常附帶相當的感情負荷)，這些曾出現一次，卻除了是我們想及它們之外，不再存在。另一方面，在預測和期待中，我們在一個不同的方向中向前超越現今，並且設想在未來事情會怎樣發生。兩者都不是我們要以任何簡單直接的方式處理經驗的「事實」而可得者：我們對於已發生的事的記憶，往往是不完整的，而且往往是經過仔細的編輯，結下一個特別的「網」，充滿樂觀或其他的。在其間，我們對於即將發生的未來的想像，只可以想像成在幾個可能未來中的一個，這樣的話，可能結果是相當準確或完全錯誤的。不過，在這些情況中(如果空間容許，我們可以提出更多)，我們都承認那想像性的結果，只是一個幻覺的東西，或胡亂的白日夢。那麼，想像是在我們試圖面對真實和可能的範圍的一個活潑能力。

想像的第三個功能，是作為「反事實性」(counter-factuality)的一個來源，是關於已知事實或與已知事實之矛盾。我們總是可以把事物想像成不同於它們的狀況，或(可能)它們看來的樣子，或我們對它們的經驗。當然，這能力是錯覺和謬誤的來源。不過，它也是我們作為人類抗衡既定面貌的能力，拒絕接納它的限制、缺乏和難以接納的特質，拒絕無法容忍的必然性。此外，想像的能力，也是我們解構那些支配性意識形態所造成的論述(例如我們是誰；我們怎樣和我們是甚麼)的基本能力，並且堅持在我們的現存中，見到事物的另一方式。意思(meaning)和意義(significance)，可以被描繪為我們把特定的目標、事件和經驗放在更廣闊的關係網絡中，那不是在經驗本身中所賜予的。故此，對於意義的追尋，永遠是一種想像性的活動，在其中我們把特定的項目放在更廣泛的模式中。「以別的方法想像」，正是以某種想像性的架構交換的方式，因而以相當不同的方式看到現今。現今藉著不同方式的建構而被美化。而結構是思維的一個清晰的想像性活動。

一個簡略具體的例子，可以把這些似乎相當抽象的思路澄清，而且重新調整我們對終末論主題的思考焦點。基督徒將會希望把我們所生活的世界，解釋為來自上帝創造性的愛和美善，是基督為主的地方，而且是以目的作為投資，這目的迄今為止超越它在上帝所應許的未來中的範圍。他們不想認可一種說法(見於許多流行的無神論辯護)，把人視之為一個在冷卻爐渣表面的無意義、複雜的生物化學意外的一部分，只是注定最終要衰退及毀滅。我們接受的是哪個版本的異象，將會肯定塑造了我們在現今的經驗和行事方式。在我們的經驗中，並沒有這一切。每一個都代表了一個模式或故事，呈現自一個想像性的行動，見於經驗的獨特一段(「事實」)是被解釋了，而且隨後從它取出意義。對於這些問題，哪一個是「是」，而另一個是「否」的態度，是極難懷有成見地由這等解釋所得到的。我們正在描述的，只不過是關於我們對現今的經驗、理解和領會的境況和能力。要點是，任何一類有意義的經驗都有一個想像的基本活動，讓它從最初到最後都糾結在一起。

在我們對過去的想像性重構的情況中，我們一般是把自己視作為成功，某程度我們可以重現事件、對象和相關環境的模式，那是為我們留下來作為那過往的原本構造。這方面的某些部分，可以通過個人或社會記憶的活動而得以完成(當然，可以或多或少準確)，而某些將會通過推斷而建立，這些推斷是以我們自己現今經驗為基礎的類比，隨著我們假設可能的情況，填補我們知識的空白。正如我們已經見到的，我們對未來的想像，是以類似原則運作的。那麼，在這些例子中，想像是在一個仔細管理的模式中運作的，以某些限制和根據已知模式前進。它不是以任何隨機或任意的方式來揑造的，而是把現今情況及其可能性範圍，根據一個已知證據的主體，向前或向後延伸。故此，它所進行的基礎，是來自一個假定，相信每當人類及他們在其中生活的世界被關注時，有些事情是經常地被習以為常的，這信念是在過去、現在和未來有實質程度的連續性。這個信念(以及它的正確性)在於人類瞭解他人的能力，關心並理解別人、文本、對象和事件，那是屬於別處，而不是在我們所熟悉的世界中。它也是足以吸引我們注意，並且改變我們視野的文學作品、藝術和其他想像性創作基礎的力量。接觸所分享的東西，它們然後就會以驚人的方式改良和改裝它，這有助我們以不同的方式看事物。然而，它們這樣做，一般是在沒有明言卻一致同意的限制中，留下真實的基本形態而沒有引起的質疑。它們向我們呈現一個協調的世界，基本上等同於我們所生活的世界，儘管現在覆蓋了其他東西。

我們已經指出，終末性盼望所呈現的難題是在他世性中，這在我們認識實存的基本形式與上帝所應許的未來(在其中所有東西都會「做成新的」)之間，安置了一道壕溝；一個斷層；一個裂縫。在某程度上，新的創造(同時構成舊的更新)將會在許多層面的基礎上與舊的不能以同一標準計算。顯然，如果這是正確的話，那麼想像就會有不同的功能了，為的是裝備我們嘗試去談論或描述它。為了幫助我們理解它所用的某些方法，我們就建議了一個類比，處於終末論的邏輯與我們稱之為奇幻(fantasy)的那些想像之特殊產品之間。這只是一個類比。沒有建議是被提出來說明終末論是**屬於**奇幻作品的類別。相反地，正如我們將會見到的，兩者之間有某些顯著的不同。不過，我們只是注目於某些具啟發性的相似之處。

奇幻的本質

把奇幻的體裁和形態定義清楚，是相當複雜的事，[5] 不過對我們的目的而言，最簡單快捷的方法，是指出奇幻最顯而易見的特質；那就是，奇幻胡亂地違反了規則，那是在我們熟悉的世界中定義可允許的和可能之疆界的。「真實的世界是不斷存在於奇幻作品中，藉著否定……。奇幻是指沒有可能發生的事；即是說，不能發生的，不能存在的東西。」[6]或說：「奇幻作品是建基於和支配自一個顯然違背普遍被認為是可能的故事；它是敍述的文體，取材於改變自有別於『事實』本身的事實之條件。」[7] 我們可以說，奇幻作品顯然不同於「寫實」文學，它蓄意破壞我們已經略為提過的類比原則。它斷定事態、情況和結果的組合，建基於世界的共同人類經驗逐漸累積的資本之基礎，是最自然地判斷為不只不大可能或未必確實，更是毫無節制、沒有意義、不可能的。「奇幻作品往往是公認秩序的斷裂，是在不變的每天常規中不被允許的闖入。」[8] 換言之，事物會在奇幻作品中發生，那是我們肯定沒有也不能在真實世界中發生的。

然而，奇幻這個違反性的層面，沒有把它自己限制在一個以其他方式整理和認識的世界的偏遠角落中，安置偶然發生的感性事情，這些事情，就像那些編在某些星期日報紙的某一頁般，可能叫人發笑或反感，卻讓讀者對現實的觀感，在相當程度上未受傷害。當然，奇幻作品所安置的秩序破裂，實在彰顯在某些「古怪」的事件中；不過，這些事件（假如它們被嚴肅看待）是指向「自然」秩序較為基本和普遍的裂痕。假如它們發生了，這些事必然會把我們對現實本質的觀點有上下裏外的扭轉。更確切地說，是會拆掉它，並且讓我們不能把它變成任何具意義的方式。即使是最基本的範疇，塑造和提供我們對世界有意義的經驗，都被威脅陷於瓦解中。過去、現今與未來；自我與他人；臨在與缺席；生與死之間的區分，全都陷入了危機。「奇幻作品建立了（或發現了）一個分野區別的缺乏，違背一個『正常』或常識性的觀點，那是代表真實是由分離卻連貫的單位構成的。……它推翻了主要的哲學假設，那是支持『現實』是一個協調的、單一的實體。」[9] 在這些基本物理層面的水平上是真確的東西，正是相等於道德、美學和政治的常規的。在人生的每一個層面，涉及我們行動和周圍（我們從而藉此建構我們的生活）的相對固定點，變得無限地靈活和內在地不可信。現實的每一性質（那是我們全都在大部份時間下當其應分的）都是徹底地有疑問的。

那麼，奇幻作品是清楚地寄生於對真實世界的構成的認識。它不是試圖去想像另一個超越這世界的世界。「事實上，具有『創意』的想像，是相當難以**發明**甚麼東西的；它只可以把各自陌生的元素結合在一起。」[10] 奇幻作家只能經由對原材料的認識開始；那就是我們所認識的世界。因此，「奇幻作品不可能獨立於『真實』的世界而存在，而後者似乎讓人洩氣地有限。」[11] 正如我們見到的，奇幻作品的獨特性質，在於如何修改這些世俗的材料；那就是，藉著分解它們整齊的模式，故意嘲弄常規，並且致力破壞真實性和可能性佔優的解釋。在奇幻作品中，「不真實」是故意引進「真實」之中，從而把這個世界改變成為某些不可思議和陌生的東西。杜多洛夫（Todorov）在此向我們指出，在奇幻性的文體中，正常的「奇幻」與他喜歡稱為「驚奇作品」（the marvellous）之間的明顯差別。[12] 正如我們將會見到的，這是一個值得留意的區別，因為終末性的想像正好與兩者作一些對照比較。

杜多洛夫暗示，驚奇作品的特色是整個另類想像世界的產生，且自足一致，有自己新一系列的「自然」規律，而且清楚地有別於這個世界，讓我們離開這個世界，置身別處。因此，驚奇作品的成就，是去建造另類（「超自然」）環境，讓我們的想像寄居於此。正如傑克遜（Jackson）指出，在驚奇故事中被創造的「超越的」世界，正是現實的缺乏被弄妥，而且在其中凡事最後都變得有幾分意思。它代表了一種想像的方式，讓人逃離這個世界，進入一個較優越的附屬世界。讀者因此放心，並得到某種補償的結局調解（儘管是暫時的），為了補償感知的缺乏及生命的損失，這是在實況中的命運。故此，傑克遜留意到：「童話、浪漫、魔法、超自然世界，都是屬於驚奇的敘事文學。格林兄弟（Grimm Brothers）、安徒生（H. Anderson）、蘭格（Andrew Lang）和托爾金（J. R. R. Tolkein）的傳奇故事，全都屬於這一類作品。……驚奇故事的特徵，是一個最少的功能性敘事，其敘述者有全知和絕對的權力。它的形式，是阻擋讀者的參與，代表事件是在漫長的過去中，藉著一個漫長的時間觀點來包含和固定，並且暗示它們的影響早已停止打擾。因此，標準的結語都是一樣的：『然後他們快快樂樂地生活下去』，諸如此類。」[13] 藉著它對讀者在一個與此不同的世界中的想像性重新定位，驚奇作品發揮著釋除疑慮，並且滿足讀者（潛意識或有意識地）對結局和結局的調解的期望。它讓這個世界大部分泰然自若，沒有損失，除非作出比較。

與此明顯地對照，奇幻作品是不會試圖創造任何東西。它滿足於一個瓦解的目標。在傑克遜的精練描述中，奇幻作品「取了真實，然後把它打破」。[14] 它的基本比喻是矛盾修飾法，矛盾元素在一個整體中的並列，不會朝向綜合。它達到這一點，是藉著引進那被視為這個世界的元素卻沒有被放置在其中的東西，那是似乎來自某些其他世界的，在那裏有可信性、可能性、可受性的其他定義。它們的出現違反了我們對真實的觀點，而且致力再考慮它。因此，杜多洛夫認為，奇幻作品所導致的獨特模式，不是滿足於離開泥沼，而是對熟悉事物的瓦解的一個焦慮，以及躊躇於關於真實和真相的位置：

> 在一個實際上是我們的世界，為我們所知的世界中……那裏發生了一件難以被這個熟悉的世界的規律所解釋的事情。那些經歷過這事件的人，必須在兩個可能的解釋中選擇其一：或者他是一個幻覺（即一個想像而得的結果）的受害者——這樣世界的規律仍然保存它們的模樣；要不然這事件實際上發生了，它是實存的一個

> 不可或缺的部分——然而這個實存卻是由我們所不知道的規律所控制的。[15]

這類文學形式的一個好例子[16]可以見於查爾斯．威廉斯（Charles Williams）的小說《獅子之家》（*The Place of the Lion*）。[17]這本書是關於在一九二○年代英國異常平靜的鄉間所發生的奇事。屬靈興趣和活動的浪潮，導致柏拉圖式的形態（Platonic Forms）闖進這個鄉村世界之中。它們見於奇特動物的獨特外觀：一隻獅子、一條蛇、一隻龐大的蝴蝶等等。每隻動物都代表了某些特性，而各自對那些本地人產生了巨大的影響，而那些本地人的性格是由這同一特徵所主導的。逐漸地，主宰宇宙本身結構的力量（永恆觀念〔the eternal Ideas〕），開始把這個短暫和瞬間的世界吸納進它們本身的絕對永恆中，在過程中毀滅了它。起初，影響是偶然和不值得留意的。它們成為在任何一處都是難以理解的現象。即使是那些親身經歷它們的人，這接觸提出了深層的問題，在醒覺確定發生的事中留下了不確定性。以下的簡略交談正是捕捉了它的氣氛。兩個主要的角色是昆廷．薩博特（Quentin Sabot）和安東尼．達蘭特（Anthony Durrant），親身接觸了眾多力量之一，以一隻巨大獅子表露。他們的困惑逐漸增力，因為在這次接觸的一天，有一隻母獅被曉得逃離了本地的動物園；然而，實際上，他們各自曉得，他們正在面對的不是被有點馴養了的母獅。「『你的想法如何？你沒有想過它是一隻母獅嗎？』昆廷喊道。『不，』安東尼固執地說：『我想它是一隻獅子。我也想，』他有點匆忙地補充：『我必定是錯了，因為它不可能那樣子的。就是我們這樣子了。』」[18]

正是這個對於真實的範圍之不確定和猶豫的召喚，經常(但不一定需要)陪隨著懼怕，後者是源自對嚇人或未知事物的接觸，那是杜多洛夫認為是奇幻作品的基本。一旦它得到解決，一旦意義是得到了，並且因著那崩潰的模式得以理解，我們就從奇幻作品移到其他類別上，不論是「不可思議的」(承認這矛盾是由於異象的虛幻性質——「它只是一個夢」)或驚奇性的(識別出這異象完全不是屬於我們的世界，而是另一個世界)。在這兩個例子中，我們對真實的觀點本身仍然或多或少完好無缺。正是由於這個原因，奇幻作品致力使它存在的異象，在本質上的模稜兩可得以永存，不是實現或解決對他物和超越的渴望，而是藉著抗拒終結來增加和餵養它，朝向非概念性和不確定性的，猶豫於它描繪在熟悉與不能之間，在既是來自這個世界，也顯然不是這個世界的異象之間。值得注目的是，不只故事中的角色經歷了這種斷層和移位，讀者也是一樣，缺乏一個全能敍述者安靜其心思的舒暢，致力於理解破碎的模式和一個敍事在其拒絕中的活潑性，恰好相配於或負責於真實的任何常見指示。我們也是一樣知道我們看見了甚麼；而且我們依然知道我們不能看見它，因為這等事並不符合熟悉的世界，卻見於文本之中。

最後，它讓我們考慮到，在可能以別的方法顯得無聊和胡亂的想像性破壞行為(關乎真實)背後的目的。傑克遜在一個基本渴望為他者、為轉變、為超越中，找出奇幻背後的主要推動力，這個渴望是扎根於感知在真實中的缺乏或需要，以及一個人永遠不會完全滿足於這個世界的「超自然」異象的建構，正是因為它理解到需要某些更徹底的、更基本的東西，而不只是任何僅僅是返老還童或轉變。在違背它的規則，以及它維持不一致的元素並列中，奇幻作品超越了這個世界的已知事物，並且對於某些完全不屬於此際的某些東西，表達一種感覺的需要。不過，這樣子是不可以任何坦率的方式說出來的。故此，奇幻作家是要採取這個世界所容許的言辭的、概念的和圖象的描述，並且塑造自它們，不是那同一世界的更有效異象，而是一個「難喻之事的修辭」(rhetoric of the unsayable)，[19]那正好是指向「某些不能命名的事物的理解……那是沒有適當的連接，除了通過提示和暗示」。[20]在這段雄辭說出或沒說的同時候，描述了還未嘗試描述的事物。它至少告訴我們，可以盼望的是不被包含在熟悉的類別中，而是不熟悉的類別，它本身只會藉著已知事物的誇張、否定和瓦解，作出轉彎抹角的指向。

盼望與奇幻

假如現在我們轉到基督教終末論在聖經經文中顯示的某些方式，我們會發現，它對上帝未來的想像性召喚既有「驚奇」之處，也有某些「奇幻」的特點，正如我們描述的。這些類似，主要是由於終末性盼望正是一次呼求他者性和超越性。有時候，這呼求是通過想像性情節的精心建構而表達出來的，那是直接建構自這個世界最好和最壞的特徵，誇大了它的輪廓和陳設的世界，那是我們可以安居的，甚至探究，為的是滿足我們決定和履行的渴望。關於終末性想像功能在這方面的範圍，它注目於此世與要來的世界之間所假設的延續程度，而且類似杜多洛夫對非凡事物的歸類。雖然在其他時候，終末性的想像，是有不同的功能讓這個熟悉的世界在想像中關乎他世，而且正是因為這他世是「新」的，不會恰當地屬於它和瓦解它的。在這些例子中，結果是會接近杜多洛夫對「奇幻作品」較準確的形式。假如我們跟隨傑克遜，想像有兩類而不是一樣的作品，那較容易理解(在終末論文學中)這兩類奇幻作品往往是會並存在同一的文本中，或甚至同一段落中，當作者努力對付，並且尋求表達那笨拙的識別，即上帝所應許的未來，既是也不是像現今的，與現今世界同時是延續性和非延續性的；這是它在本質上新穎的基本特徵。

我們可以列舉的第一個例子，是在舊約經文中以最超驗的用語來宣告終末性的更新：「看哪！我造新天新地；從前的事不再被記念，也不再追想。」(賽六十五17)。在這段經文中所延續的用語，可能驟眼看來會使我們失望。先知談到的，顯然只有耶路撒冷。在其中的居民的生活方式，正如舊約時代一樣：他們建立房屋，栽植葡萄園，照料牛羊，養育孩子，以及死亡。實際上，在這個異象中有分別的是，對於這種生活的明顯威脅已經除去：他們生活在平安和穩妥之中，他們享受他們勞碌的成果，他們家中的動物不受野獸的侵害，沒有人是夭壽的，而且他們可以預期他們的孩子，也有一個穩妥的未來。我們有部分是可以見到這描述是如何吻合世俗的盼望及世人的欲望，這是一羣在生活中有實際負面經驗的人，特別這些生活是在一處由敵人力量所侵略和佔據的地方。到現在為止，這段經文很難突破歷史經驗的束縛，因為即使生活在超過一百年之後，他們仍然要回顧以色列列祖原初的歷史。或者更確切地說，在此突破歷史經驗束縛的，正是在部分及受威脅情況下人們所享受、沒有干擾或例外的盛行。當這一切可能是值得注意和未必發生的，它不是對熟悉世界構成明顯瓦解的一類事件，或者一般聽眾或讀者，是有可能自動判斷地回應「不可能！」。事實上，它並不是十分不同於許多現代歷史樂觀主義者在進步概念全盛期的烏托邦概念，不論那是自由派進步主義者或馬克思主義者，已經設想人類歷史會達到的。那麼，先知在這段經文中所做的，正是喚起一個對上帝未來的異象，那是植根在以色列所熟悉的世界中，然而在相當多地方修改它，把缺乏代之以豐足，混亂代之以秩序，以及衝突代之以平安。以色列經驗的負面特性是在想像上移走，然而結果的描述，卻錯在於熟悉的一方而不是不熟悉的一方，是延續性的一方而不是非延續性的一方。即使顯然這不是以色列人經驗的「這個世界」，而且對他們的世界提供了欣然接受的另一選擇，那仍然是這個世界一個協調的「超自然化」版本，而且發揮了伸展其優點和淨化其惡性的功能。

在第25節中，朝向一個真正超越的新穎異象的最遠點達到了，在此不大可能與不能相信的界限被跨越了，而且完全是另一種生態學，代替了務農的希伯來人所熟悉的「紅牙利齒」。這等素食的獅子和豺狼互相以友相待，而不是狼吞虎嚥地吞吃羊羣，顯示它們與我們在日常規律的經驗不同，讓我們不只有少許驚訝，並且會驅使重新考慮我們在學校所唸的基礎動物學和生物學。那麼，它在此是第17節新創造的跨張宣告，沒有任何明顯的授權或延續。不過顯然地，假如我們把它視作為一個文學單元，[21] 先知是期望我們把整段經文作為一段記述，指出在新天新地形成之後將有何事。換言之，這不是以色列歷史性未來的一個政治景象，而是真正的終末性盼望。

假如我們轉到新約啟示錄(二十一1～5)，我們會發現這段經文是清楚暗示著以賽亞書六十五章，然而它們被掌握的方式，提供了它們超越的明確指涉，而且這樣做是有別於原來的版本。所以，在啟示錄二十一章4節中，有聲音從天上宣告：「不再有死亡」。事實上，啟示錄所做的，是結合了我們的經文所暗示的(特別是六十五章17至19節)與以賽亞書二十五章7至8節所暗示的，那裏說到死亡的廢除。實際上，它是舊約惟一提到這一點的經文(雖然賽二十六19和但十二2似乎有此暗示)。我們在以賽亞書六十五章的經文假設了古代以色列人對死亡的慣常觀點，為此**過早的**死亡肯定是一件惡事，而在長久和完滿生命終結時的死亡(「日子的滿足」)則不是邪惡的。就像新約整體一樣，以賽亞書二十五章把死亡本身理解為一件邪惡的事(「遮蔽萬國蒙臉的帕子」)，是當上帝以新的創造取代這個創造(那是不能磨滅地見於頃刻、死亡和消解)時祂可以因此而期望毀滅之的。啟示錄二十五章，超越了以賽亞書六十五章有限的盼望，而且接納了以賽亞書二十五章對死亡較為超越的觀點。

我們應該也注意以賽亞書六十五章與啟示錄二十一章之間，在死亡的處理上延伸至一個較闊距離的這個差異。正如我們已經提出的，以賽亞書六十五章，是要為生活在新耶路撒冷的人描繪出一幅具體和容易想像的圖畫，耕種他們的土地，養育他們的孩子等等。由於他們是非常長壽的(卻非不朽)，在古代以色列的歷史生活中，這田園詩般的異象是有可能發生的。但是永生(在上帝的新創造中的生命，死亡在其中已經被擊敗和廢止)——即是在其中的生命不再有婚嫁或生殖之時——這一個坦率描述，必然是與古代以色列的日常歷史生活十分不同，這是有可能的。啟示錄沒有這樣嘗試。相反地，它把永生想像成基本上是否定性的(「不再有死亡；不再有悲傷、哭號和疼痛」)，其景象是坦率地要求以象徵的角度來閱讀(喝生命水，吃生命樹上的果子)，以及以屬天城市的物質層面和特性來描述，那是難以描繪的。

因此，終末性想像的功能，是相當不同於這兩個例子的。以賽亞書六十五章提出了一個具體的烏托邦，我們可以想像棲居於此的情況。我們可以收取葡萄，與孩子玩樂，與我們那些二百歲的鄰居閒聊，把稻草給牛吃，並且享受看著它們與獅子同吃。只有注意這最後的形象，我們才可以開始找到我們的想像延伸，以致驅使我們焦慮地懷疑，當這個似乎是我們所認識和所身處的世界時，它恰好可能並不是。其中，在啟示錄二十一章中，問題的重點是較強和較多放在相反的方向上：這個奇異的世界，真的可以在任何一面等同於我們所知道的世界嗎？它所描繪的形象決不是適宜居住的。它沒有提供協調的模式，讓我們可以理解它的不同內容。故此，斷層的意識，是遠更尖銳的。這個異象把我們抽離我們現今的世界，朝向另一個方向，而且使我們留意它超越本身，邁向某些東西的過程，那是(嚴格而言)難以想像的。

我們必不可以誤解這個分別的性質。它不是說，以賽亞書六十五章的記載應該按照**字面的**描述來解讀，彷佛新的創造將會正是這個樣子。這是某些註釋家的錯誤，他們認為對新天新地的簡介式指涉，難以聯繫跟著的事情。這些描述不是字面性的，而是想像性的。它是充滿想像的，卻要嚴肅地視此為在終末中事情如何發生的一個想像性記載。當我們讀到結語是「這是耶和華說的」時，我們所想到的**既不是**「那將會是字面上的樣子」，**也不是**「這只是一個想像的世界，完全沒有告訴我們事情會如何發生」。恰當的回應是：是的，就這樣，並且，**當然**，不能想像的更多和更好了。新的創造將會應驗了每一代的真正烏托邦，而且是更多和更好的。它的超越是屬於包容性（inclusive）多過排他性（exclusive）的類型。先知對它所用的異象，既是正面地（當然，雖然這是不充分的）代表著它，提供了讓我們可以處於的虛構故事，即使它們偶爾因著呈現陌生和驚訝的事物而搞亂我們，而更多無條理和困惑的異象，其對立和象徵超越了我們所及的界限，領著我們到了不能想像的極盡邊境，凝視著更遠處的驚人黑暗。

福音書傳統的一個特徵，是特別更多說明和指出終末論與奇幻作品之間的類比。當然，福音書完全是終末性的文獻，其構思是為了把讀者引往上帝的應許，而且它在歷史中的介入，是在於耶穌和聖靈的位格和工作。它們述說著兩個世界之間關係的故事，這兩個世界肯定是關乎現今和未來的，卻是在耶穌的故事中部分重疊和混合的。當重疊的地方出現時，結果是經常彰顯在日常經驗模式的可識別之瓦解中，透過這個世界的現象而出現，那現象不是配合或屬於那裏的。

耶穌的事奉的敍述，充滿了這一方面的例子。即使在祂出生之前，這個人的故事已打斷了平凡生活，而且涉及宣佈一個人的出現，當祂是「在」這世界中，卻不是「屬」它的，至少意思是祂的身分，至終是繫於另外一個、將要來的世界及其境況。天使向馬利亞報信，告訴她將會懷孕，生一個孩子；遇到了一個可以預料的回答，那是就某種意義來說，是對於以後發生事情的恰當回應：「我沒有出嫁，怎麼有這事呢？」(路一34) 馬利亞既清楚表達她在舊秩序和新秩序之間，感到無從比較(這等事不會實際上發生：婦女若沒有性交或被某些「自然做法」引致，就不會受孕)，並且得到一個提示，涉及這件異常事情，將會是以後美好發展的來源：「聖靈要臨到你身上，至高者的能力要蔭庇你」(一35)。當上帝藉著祂的聖靈行事，帶來神蹟，以及期盼祂對這個世界所應許的救恩，那只會叫人感到異常和驚訝，因為兩個秩序之間不會是吻合的。日常生活因著不屬於此際的事件而變得紊亂：而且懼怕與懷疑，是對這一切完全自然的回應。這是如何發生的？無疑這是不可能的、不道德的、不自然的？

就某種意義來說，童女懷孕是第一個記號，預示了以後耶穌的事奉記載的許多地方。現代對福音書記載許多事件的典型回應，完全說明了這一面。這些故事所充斥的事件，是有才智的、受過科學訓練的人所難以接納的。然而，這些回應經常忽略了福音書本身向我們顯示，同樣的事情也是耶穌同時代者所不易接受的東西。我們可能會更為留意這個世界經常運作的方式，涉及精確的科學描述；不過我們同樣難以辨別公然不同於日常樣子的東西。古代人也像我們一樣，只能吐出這一條問題來：「怎會有這事呢？」，正如馬利亞的問題所顯示的。而這條問題在耶穌的一生中，經常出現在百姓的嘴唇中。由祂接受約翰的洗禮開始，直至祂被聖殿守衛捉拿，耶穌經常被羣眾和宗教領袖尋問，正是因為祂的事工充滿非凡和奇妙之處。在祂的臨在中，日常接納的模式是被延伸和破碎離棄。不論它是否有意打破安息日的法規，控訴偽善者的宗教嚴規，和與「罪人」為伍，或醫治有病者，把一份午餐，改變成一大羣人的膳食，以及平靜風浪，耶穌永遠在瓦解使人舒服的常規和日常期望，提出令人不安的問題，關乎設想為社會、宗教、道德和自然秩序等等的統一。在耶穌裏，上帝的國度臨在的公開秘密，扭曲了真實平滑的表面，並且超越現今的霸權，指向上帝所應許的新秩序的最終勝利。回應經常是相似的：恐懼戰兢（例如可五33）；分外希奇（例如七37）；困惑或懷疑（例如約六41），以及對某些人來說，是透過試圖毀滅祂而抗拒挑戰（例如可三6；約十一45及下）。

假如童女生子是代表了這個世界因著上帝的未來在其中的影響而開始瓦解，那麼耶穌的復活，正是這瓦解達到頂峯和決定性的要點。正如在任何地方一樣，在此的問題是「在地上怎會是這樣子的？」被迫出自所有那些熟悉代表這個世界的罪惡和死亡的優勢之人的嘴唇。「死人不會復活」的觀察，遠不是為了（正如它的本意）損害復活記載的要點，而是為了使那要點更恰當。一般來說，死去的人，是仍然留在死亡的拘禁之中。死亡是每一個人生命的最終勝利者，不論我們微小而短暫地戰勝了多少次病魔，延長生命；而且不論我們在其間可以穩當地為自己得到如何卓越的生活質素。一切最後只是延遲了不可避免之事而已。我們不可以帶走任何東西。死亡將會把我們放在終結中。那正是耶穌從死裏復活（在它的境況中是被視為上帝的能力彰顯在以色列的彌賽亞身上）為甚麼十分惹人注目的原因；那是一件反常的事情，而且十分深刻地挑戰主流的假設。在新約中，死亡不只是結束某人生命的一件事件，更是普世邁向衰微的一個隱喻。一切存在的特性，都是頃刻無常和朝向最終停止的運動。沒有東西最後是持久的。故此，耶穌從死裏復活不只是獨一的事件，或在祂生命中的事件組合，而是這個世界的「條理」的一種斷裂，震撼並顛倒了我們對現實整體的觀念。假如我們承認它的現實，那麼它就讓事情不再一樣。它的現實是瓦解了罪惡和死亡的模式。

因此，在耶穌復活顯現的記述中，我們找到了現今常見對平凡和不凡的編織，既有屬於這個世界的，也有不屬這個世界的。我們肯定不是在處理某一別的世界，而是相當地面對這一世界，耶穌被釘十字架的事件，在其中似乎最終封印了死亡的霸權，後者是一股力量，足以壓碎任何盼望和抱負。門徒遠離對暴力和死亡的力量之懼怕，使他們在耶穌的甦醒中遠離。某些人為了給死人施行禮儀，小心翼翼地走向墳墓。其他人已經離開耶路撒冷踏上歸家之路，對耶穌心灰意冷，把祂所代表的一切視為過去式：「我們素來所盼望……」就在這些人類熟悉的失落和悲痛的經驗中，復活的主出人意外地衝破一切，叫所有遇見祂的人都感到驚愕。雖然預期他們想聆聽和相信這奇妙的消息，但對於死亡的普世經驗這不協調的破裂，最初的反應通常是懼怕，以及難以一開始就相信它的真實性。二手報告不會這樣做。它只是當人們遇見復活的耶穌本身，讓他們容許自己開始調較他們的預期和承諾以致習慣所發生的事。即使是這些顯露，也遠不是清楚的。那顯然是耶穌；然而祂同時既是也不是在數天之前他們所相處的耶穌。祂有重要的創傷在手上，而且祂吃魚，故此祂不是鬼魂。不過，祂同樣顯然不再屬於這個世界：祂會突然、莫名其妙的出現和消失，而且祂的出現是讓那些最清楚祂的人也不能首先認出祂來。這樣，這不是被釘十字架的耶穌呈現在這個世界的方式的延伸，而是通過復活把耶穌變化，以致他不再完全符合這個世界的空間和時間的條件。這個難以明白和困惑地無從比較的經驗，必然已經讓使徒（包括保羅）確信，新天新地的應許，不只是詩文的誇張語句，並且置於早期基督教會的以下反省中：「死人復活也是這樣：所種的是必朽壞的，復活的是不朽壞的；所種的是羞辱的，復活的是榮耀的；所種的是軟弱的，復活的是強壯的；所種的是血氣的身體，復活的是靈性的身體。……這必朽壞的既變成不朽壞的，這必死的既變成不死的，那時經上所記『死被得勝吞滅』的話就應驗了。」（林前十五42～44、54）。復活了的主的實在，只可以按照猶太教已有的終末論範疇來理解；然而這些同樣的類型，現今散發著一股光明，那是他們至今仍然缺乏的。現實既是確定也改變了，即使那是復活盼望的最清楚部分。

生命戰勝死亡，以及生命的力量克勝死亡的力量，而不是倒過來，是在聖經中上帝所應許的新創造的標誌。救恩特別是在於「生命在其豐盛完滿之中」。而且生命是上帝的靈在世界工作的獨特恩賜。故此，保羅喜愛稱復活的身體為一個「屬靈」的身體，這個身體是由聖靈所掌管，而不是「肉體」。它是新創造的部分，而不是舊的。「體貼肉體的，就是死；體貼聖靈的，乃是生命、平安。」

(羅八6)保羅書信對肉體和靈／聖靈的獨特區分，不只是道德性的，也是終末論的。活「在聖靈裏」，就是按照生命的力量而活，抗拒導向死亡，那個方向預期了新的創造，即使是在舊的狀況中間和之下。故此，對現今來說，那是抗衡事物的主流秩序的情況，而且打破了現今的模式。「肉體」不能承受上帝的國，正是因為聖靈的時代涉及釘十字架和隨後的「肉體」在一切方面的復活。舊的必然會過去和被打碎，為的是它可以在新的形式下再次興起。那麼，在這方面，被釘十字架的耶穌與復活的基督之間的關係，構成了在舊秩序與上帝的新創造之間較寬闊關係的基本模式；而且「復活的能力」是一種適當的描述方式，那是上帝之靈在教會和世界中的活動，見於耶穌復活的事件，延續在上帝對這個世界瓦解的事件，在醫治中；在不同類型的「神蹟」中；在拯救離開邪惡力量中；在黑暗和死亡的統治中逐漸顛覆，由光明和生命的力量所代替。

在這種方式中，上帝應許未來的力量回到現今，並且果斷地重塑了它。當然，不論我們是想到新約描述這等「終末性」的現象或它們在上帝處理世界的不間斷歷史中的延續經驗，我們不是(嚴格而言)說到終末論想像的工作。雖然試圖述說這等事情的故事(在福音書或其他地方)，必然是想像的一種作為，它卻不是「末後的事」的一種想像，而它與這一切是我們主要關注的。然而，在差不多這等事情構成了現今的真正期盼的上帝的未來，差不多我們必須識別出它們含糊不清的地位：它們是屬於這個世界的，只要它們在其中發生了。另一方面，它們並不是理所當然地屬於這個世界，因為它們構成了它的連續性和可能性的一次瓦解，而且超越它指向在未來的一個來源或影響，其可能性和潛在性是相當不同的。它們向我們顯示這一點，不是藉著以直接的方式來表示或體現這個未來的實在性，而是間接地，藉著瓦解和拒絕恰好地吻合在歷史的模式中，超越它們本身並在頑固的莫名其妙中，指向一個實況，即使它們不能恰當地彰顯在此時和此地，因為此時和此地不能承受上帝所應許的未來的完全份量，在其中所有事物將會完全更新，而以前的事不會被記念。雖然，就其本身而論，這等現象成為基督徒試圖想像未來的一個重要模式，他們認為那是必須拒絕束縛於已知事物的限制，延伸超越現今在顯著甚至大膽的方式中的可能性，為的是再一次提醒我們，隨著創造的上帝，童女懷孕和復活，所有事情都是有可能的。終末論的想像必然是含糊不清的，必然妨礙了真實和可能的解釋，不然我們就會習以為常；否則它關乎我們對現今想像的關鍵角色是仍然未得實現的。

那麼，總括而言，由於終末論的陳述，不論是故意或內在的「他世性」指涉，兩者同時像又不像奇幻作品。它在掌握我們於這個世界的經驗的基本成分上，是比任何東西更像奇幻作品，正是因為它們嘗試以來自這個世界的語言向我們展示，我們對新創造的期望，不必限制於我們對這個世界的經驗。另一方面，它們不像奇幻般意圖指向超越這個世界的另一個，那是它們實際上嚴肅地視為一個蒙應許的現實，而且對此它們承認基督教信仰必須奮鬥，並可以說某些有意義的話。然而，意義不只是限於根據真實或經驗可證實的陳述的類別，然而清楚地終末性陳述是藉著其他方法來達到它們的目標（假如它們有的話），而不是藉著簡明的描述或事實的參照。它們這樣做，是因著深思熟慮，以及有時惹人注目和不安的發展，與來自這個世界的觀念及圖像的結合，卻是明顯地以與這世界經驗不相乎的方法呈現。它們可能用了誇張的語句，誇大我們人類命運到達那一點的好與壞的層面，它們在此變得古怪，並且扭轉我們離開對世俗和熟悉事物先入為主的看法。或許它們可以發揮消除已知事物負面的一方，提供一個世界的異象釋放（例如）自死亡和受苦，以及人生這一切後果。我們若想儘快弄清楚這些異象的生物的，或是道德的，或是物理上的含義，我們很快就會觸礁。不過，若是這樣做，就是忽略了要點。那些有異象者或夢想者向我們指出的，對此正是事物的一個新秩序，它們的形象為此成為恰當的象徵，並且關乎這等推測是確實沒有意思的。或許，再一次，在終末論中是相當普遍地尋求令人震驚的和顯然沒有意思的形象和概念的結合，這些結合永遠不會是這個世界的部分經驗。若是跟隨奧古斯丁去找出稀有的例子，以證明它們是可以的，將差不多再一次肯定會錯失要點。對於狼和羊在沒有嚴重附帶損害發生下躺臥在一起的動物學趣聞，或人類在某些特定情況中是不能燃燒的科學證明，所有這些都只不過是遠離了終末性陳述可以被想像的意圖。事實上它是用來破壞它的要點，那是要指引我們的想像，超越在這個世界中所有的條件，去到一個我們只能想像的新世界，然而我們對此的盼望，是在於上帝復活的信實和能力。

註釋

1 Augustine, *City of God*, Book 21, ch. 4.

2 歷史相對主義(Historicism)運用同一方法去建構歷史，假設在過去所發生的事情必然(至少概括來說)是基本上類比(analogous)我們在現今所經驗的。關於這一點，另參 Karl Popper, *The Poverty of Historicism* (London: Routledge, 1957)。

3 Rudolf Bultmann, *Jesus Christ and Mythology* (London: SCM Press, 1958), 23.

4 Moltmann, *Theology of Hope*, 226.

5 比較 Tzvetan Todorov, *The Fantastic: A Structural Approach to a Literary Genre* (New York: Cornell University Press, 1975) 和 Rosemary Jackson, *Fantasy: the Literature of Subversion* (London: Methuen, 1981)，有助處理本節所提出的問題。

6 Russ, 'The Subjunctivity of Science Fiction,' in *Extrapolation,* 15:1, 52。引自 Jackson, *Fantasy,* 22。

7 W. Irwin, *The Game of the Impossible: A Rhetoric of Fantasy* (Illinois, 1976), x。引自 Jackson, *Fantasy*, 14。

8 R. Caillois, *Au Coeur du Fantastique*，引自 Todorov, *The Fantastic,* 26.

9 Jackson, *Fantasy*, 48.

10 Freud，引自 Jackson, *Fantasy*, 8。

11 Jackson, *Fantasy*, 20.

12 參 Todorov, *The Fantastic*, chapter 3。

13 Jackson, *Fantasy*, 33.

14 Jackson, *Fantasy*, 20.

15 Todorov, *The Fantastic,* 25.

16 傑克遜的用語「模式」(mode)似乎比「文體」(genre)更好，因為(正如杜多洛夫的分析相當清楚表達)那是完全可以把奇幻作品某一段文章變成其他模式的。

17 Charles Williams, *The Place of the Lion* (London: Victor Gollancz, 1931).

18 Williams, *The Place of the Lion*, 63.

19 這用語是借用自 J. Bellemin-Noel, 'Des Formes fantastiques aux themes fantasmatiques,' in *Litterature*, 2 (May 1971): 112。引自 Jackson, *Fantasy*, 38。

20 Jackson, *Fantasy*, 38～39.

21 可能吃驚的是，許多註釋家或是決定17節是修辭的誇張法(rhetorical hyperbole)，不必嚴肅對待，或是認為它與下文的關係是為經文提供一個天啟性意味的一個稍後嘗試。

5

盼望的形象

有一陣子別人告訴我們，我們是以這個世界——全都是太真實的——的形象來創造我們的天堂；而另一陣子則剛好相反，説那是由於我們的渴求而創造了一個神秘的領域，其中所有的符號都是上下顛倒的，為的是逃避此時此地的社會所帶來的束縛，飛往我們夢想世界的自由之鄉。不過，我們相當清楚地知道，我們的上帝不是這個樣子的。

呂巴克 (Henri de Lubac)[1]

倘若，我們不容許自己塑造個人和集體存在的死後形象，那麼，我們就無從考察我們是誰，或者無從召喚我們最深心處的理想。我們不必曉得世界未來的每一個細節——人生短暫，我們只要早些得知就足夠了——不過，我們卻是有需要去想像的。

扎萊斯基 (Carol Zaleski)[2]

> 基督宗教……以非常獨特的方式，運用象徵的語言來描述末世，它沒有多費脣舌去關心死後生命的一般狀況，而是要説出它那相當獨特的福音，即生命是在基督裏的。
>
> 西蒙 (Ulrich Simon)[3]

基督教終末論的中心，是一系列重要的形象，它們來自聖經，並經常在傳統中反映出來。他們描繪了人類歷史的結束時期，終末的事件（歷史的終結）和永恆的境況。在本章中，我們將會查考其中十個重要的形象。這樣通過形象的研究來探討基督教終末論的方法，並沒有多少先例。[4]終末論的系統論述，往往是處理其觀念和論證，至於對形象的討論，只是把他們簡化為（全都是過分輕易和快速地）一個非隱喻性的概念架構中的泥磚和支撐。我們在本章中所用的方法，是嘗試充分理解在終末論思想中的主要形象。這樣做不是要迴避把概念澄清的需要，也不是對有爭議的問題避而不談。在每一個事例中，都會見到把該形象提升成為深具意義的神學課題。不過，這樣明確地關注終末論形象的意義，將會證明對他們是一個新穎而有成效的方法。

敵基督

> 歷史的道路不是朝往上帝的國度的康莊大道，而是要經過敵基督的最終顯現的，他把自己的最後一副面具揭去，那是一副偽裝成良善和基督徒的面具。
>
> 巴爾塔薩 (Hans Urs von Balthasar)[5]

他行走，那個迷惑者，行走在他的玻璃海上，
仰視他那顛倒了的藍色天空
在那裏，太陽錯愕地從西升向東。……
他的贗品把每個特徵都弄錯了，
可是全都裝扮成相似的面貌。……
他是謊言；一個真實的思想，而他會離去。

繆爾 (Edwin Muir)[6]

不論是在聖經和基督教傳統中，歷史落幕之時的事件敍述，都是終末性形象的一個形式。在這樣的敍述中，最突出的是敵基督，他是基督的最後一個敵人，也是在一個空前邪惡的時代中掌管宇宙的統治者，而基督在再來之際要把他擊潰。例如，在帖撒羅尼迦後書二章中，保羅[7]提到「不法之人」(「大罪人」) 將會在未來顯露，高抬自己超過一切神明，自稱為上帝，甚至坐在上帝的殿中。他的來臨 (值得注意的是，在此說成是他的「再來」〔*parousia*〕，就像主耶穌的再來一樣) 與叛亂和背道聯繫在一起，這意味著那些抗拒上帝真理的人，將會相信敵基督的謊言，因著由邪惡力量造成的惑人神蹟奇事，而受到鼓勵。最後，主耶穌在**祂**再來時將會毀滅敵基督 (帖後三3～12) 。

在帖撒羅尼迦後書，敵基督這個形象顯然是宗教性人物，要求受到像至高上帝般的敬拜；不過他也是一個政治人物。上述兩者的結合毫不奇怪，因為古代世界普遍存在宗教性政治，君主帝王往往被視為神明般受到敬拜。猶太人和基督徒抗拒把地上政權神聖化，這在當時是極為罕見的。敵基督是政治性宗教的極端狀況：他統治整個世界，宣稱自己是至高上帝。就其本身而論，

他的統治是上帝的國度的邪惡對立，後者是由耶穌基督來臨建立的。在敵基督的帝國中，人類的權力輔以邪惡的超人力量，在或多或少模仿神權的統治中把自己絕對化。敵基督是人類自古以來渴望成為上帝的最終和最大的表現。蛇在試探中「你們便如神」的應允（創三5），得到它的最終結果，儘管那是騙人的實現，讓敵基督篡奪了在上帝聖殿中只有真神才配得的座位。因此，他是犯了終極的褻瀆，而全人類（除了蒙揀選者）都接納了他自稱為上帝的宣稱，犯了終極的拜偶像之罪。

保羅對敵基督的描繪，運用了猶太人對上帝及其子民最後一個人類敵人的預期，而且特別見於但以理的預言（十一29～49）。這個人物的原型，是安提阿古．伊波法尼（Antiochus Epiphanes），他是敍利亞君主，在公元前二世紀中期，褻瀆了聖殿，在殿中豎立了一個異教的偶像。他逼迫那些拒絕放棄對妥拉（Torah，即律法書）之上帝忠誠的猶太人，而其他猶太人則變節，認同安提阿古的改革。由此形成了一個預期，即一個把自己奉為神明的世界君主，既會迫害忠信者，同時受到其他人的膜拜。

不過，猶太傳統也提出了另一類終末時代的敵人：假先知（原型是來自申十三1～5）。這等人藉著迷惑人的教導和神蹟，將會帶領人民離開對真神的敬拜，轉而敬拜偶像。在保羅的敍述中，不難把他嵌入其中。他大概就是那個施行騙人之神蹟者，使敵基督統治下的人民順服敬拜。

事實上，這正是啟示錄記載要發生的事情，該書把終末的敵對者描述成兩隻巨獸，一隻從海中上來（啟十三1～8），另一隻從地上來（十三11～18）。第一隻是世界的統治者，褻瀆上帝，受到除了蒙揀選者之外所有人的敬拜。第二隻也稱為假先知（十六13，十九20），施行迷惑人的神蹟，引誘人民為從海上來的獸製造偶像，甚至利用高壓的手段強迫敬拜從海上來的獸。在這兩隻獸的背後，潛藏了邪惡的超自然力量，在啟示錄中以龍的形象去代表。

除了兩隻獸之外，啟示錄也加上了與他們聯盟的第三個人類的邪惡的形式：代表世界大都會的巴比倫的淫婦。從海上來的獸，代表了政治和軍事力量那全然獸性的暴力，其成就表面看來是神聖的，並且引起敬拜（參十三4）。地上的獸，代表了在國家宗教的手中，宗教狂熱和宣傳的迷惑力量。淫婦則代表了經濟富裕的誘惑。即使這是以帝國的貧窮為代價，卻足以誘使精英分子陷入墮落之中，他們從中得益，支持帝國的統治。

就像保羅一樣，啟示錄講述了敵基督的統治及其結局的一個想像性的故事。與保羅不同的是，啟示錄清楚地把這個故事聯繫於羅馬帝國的力量，它受崇拜偶像和墮落邪惡的影響，以及基督徒被呼召去抗拒之。傳統的形象是以一種巧妙方式編織塑造的，具有極豐富的想像力，同時一針見血地暴露出當時羅馬世界的政治、經濟和宗教的實況。[8] 在約翰書信中，流露了新約當時對敵基督形象之挪用的另一個不同例子，這也是新約中惟一提到「敵基督」一名的地方（約壹二18、22，四3；約貳7）。敵基督在此被描述成迷惑人的先知，而且已經有好些敵基督的形式出現了，就是那些據稱是基督徒教師，卻否認人性的耶穌是基督的人。這個敵基督的形象，毫不涉及外在的政治世界，而只是關乎上帝子民背道的危險。

當代許多基督徒極少（若有的話）想到敵基督，不過在基督教歷史的大部分時間中，他卻是一個非常熟悉的人物。[9]他通常是一個未來的人物，在邁向主再來之最後事件的想像性敍述(源自聖經和其他材料)中出現。不過，這並非總是把他塑造成遙遠未來的危機。他大可以出現在當下，那並不是罕見的。聖經的材料容許把敵基督想像或辨別成眾多不同的形式。他可以是某一個人(一個讓人毛骨悚然的人，篡奪了上帝對世界的統治)或集體(一種政治或教會的權力；宗教制度或運動)，也可以兩者同時兼備。他可以是一種威脅教會的外在危險，或是在教會內部迷惑眾人的影響。他可以是公然反對基督徒，也可以是偽裝成為基督徒。

試舉一些在不同的時代中被視為是一個敵基督(或一羣敵基督)的較著名例子，這些人可以是異教的羅馬帝國、伊斯蘭教、鄂圖曼帝國、腓特烈二世(Frederick II)、教宗若望二十二世(pope John XXII)、腐敗的教宗或教廷本身、馬丁·路德(Martin Luther)、法國大革命、彼得大帝(Peter the Great)、拿破崙(Napoleon)、墨索里尼(Mussolini)、希特拉、蘇聯、歐盟和薩達姆(Saddam Hussein)。不少這些配對也許會讓當代讀者感到糊塗或錯愕，然而其中某些似乎是相當貼切的。在最壞的情況中，敵基督的傳統促使把對手妖魔化，尤其是當對敵基督的抗爭可能用了過分世俗、政治和軍事的方式時，就會特別危險——不論是在基督教時代，或者現代美國。在愚昧的情況中，敵基督的傳統成為未來學研究的某類遊戲，由心智靈巧的解經者去玩弄。

然而，敵基督的形象在當代基督徒的意識中消失不見，只存在於基督教的保守和基要主義的形式中(他們一直嚴格並經常強烈按字面解釋聖經的形象)，但原因主要不在於此。當代漠視敵基督的主要原因，無疑是因為在現代西方歷史進步主義思想中，敵基督在未來沒有位置，當代西方基督教會在相當大的程度上，已把這種思想調適在其終末論中。敵基督的形象與任何進步主義者的烏托邦思想互不相容。它描繪的是全人類歷史的未來，不是至終達到天堂，而是最後完成的巴別塔，也就是人類全球化最邪惡和拜偶像傾向。倘若千禧年是基督教傳統的烏托邦，那麼敵基督的統治就是反烏托邦(dystopia)。這是(那形象確實告訴我們)歷史將會出現的，只要當上帝容許它沿著它那未被救贖的歷程邁向終結。烏托邦不可能是歷史的產物，而只可能是源自上帝救贖的歷史。

無疑，二十世紀歷史的種種罪惡，以及對二十一世紀未來的懼怕等觀點，讓我們重新將之嚴肅對待。罪惡並不是幼稚的人類成長過程中的疼痛，讓我們可以愈來愈置諸腦後，也不是理性進步逐漸消失而來的愚昧。隨著人類對世界的知識和力量增加，罪惡和災難發展的可能性也就至少與良善的可能性一樣多。

尤其與敵基督形象相關的，是現在顯然見到歷史不一定使真理持續進步，反而是不斷放大晦澀的真理和宣傳的謊話的手段和可能性。真人真事改編的肥皂劇及劇情片；虛擬真實；以及我們的意識科技操縱的無盡可能性所構成的傳媒和資訊世界，在當中讓我們知道不只虛幻和欺騙的可能性令人憂慮地急增，更是真理和虛構之間的區分似乎要消失。[10]後現代的相對主義和主觀主義之所以愈來愈貌似真實，或許大部分是源自這些科技上的發展。

在聖經對敵基督的敍述中，他來臨的可能性對基督徒產生兩個要求。一個是先知式的識別。敵基督首先是貌似可信和令人敬畏的。他提供了每一個人想要的東西：安全感、平安、昌盛。他的統治是上帝的國度的誘人仿製品。他的事業得以進展，不只基於混在上帝子民中的假先知。他的長處就是説謊言的能力，而基督徒要對抗他，除了對真理的見證之外，就沒有其他可用的部署。

這是應該警惕誤用敵基督形象的危險之處，即把其用作把敵人妖魔化的工具。敵基督問題之被提出，只應該在一個完全嚴肅地嘗試分辨事物之真理的處境下。它尤其警惕我們，對四圍拜偶像的傾向，特別是有能力者及其利益。把任何只不過是人類的東西絕對化，就要將之偽裝成為神聖，而那只可指稱真正的神聖(上帝的國度的來臨)可以恰當揭露的。例如，任何人若認為全球經濟市場是不可抗拒的力量，是不可能被懷疑的，這與那些敬拜從海上來的獸之人犯同一錯誤，説：「誰能比這獸，誰能與牠交戰呢？」(啟十三4)

第二個要求是殉道。以其最真確的情況而言，敵基督的形象經常與受苦反抗的需要分不開，即使死，也要拒絕信奉它，從而揭露其謊言。在敵基督的統治中，真理和殉道是唇齒相依的，正如他們在客西馬尼和各各他的情況。這將敵基督的問題帶到接近基督教信仰的基督論核心，正如啟示錄所述，殉道者藉著拒絕他的謊言而戰勝了獸，成為「那些因為給耶穌作見證」，而在約翰一書中，是把對敵基督之先知的試驗界定為基督論的。惟有藉著跟隨耶穌，不惜代價對神的真理作見證，教會才能夠最終揭示敵基督的神權政治騙局，並不等同於上帝的國度。對敵基督的敍述，在二十世紀歷史上演的一個重要例子，就是在納粹政權之下的認信教會，對他們來說，耶穌的主權，顯示出納粹統治及其假先知在德國基督徒中間的敵基督特性。

最後，這暗示了一個問題：敵基督的故事是一個關乎人類歷史終局的想像性敍述，還是在任何時候均適合之人類歷史的想像性描繪？就某種意義來說，可能兩者兼具。以想像性方式揭露人類歷史將會如何，那是上帝沒有攔阻它的路向（參帖後二6～7），它揭示了人類歷史的那些傾向——「那不法的隱意已經發動」（帖後二7），那是至今還未容許越過一切限制來發動的。不論是否會這樣，它是來自終極的反烏托邦，即上帝的國度之最後來臨必然會贖回人類的歷史。

主再來

> 基督教的終末論沒有就其本身而談到未來。它從歷史中的確定實況著手，而且宣佈了那實況的未來；它在未來的可能性；以及它對未來的力量。基督教的終末論是談及耶穌基督和**祂的**未來。
>
> 莫特曼[11]

> 我們不知道要來的是甚麼事，但我們知道要來我們這裏的是誰。[12]

耶穌基督在歷史終結時的「來臨」（coming，希臘文是*parousia*，在基督教傳統中往往被稱為「第二次再來」或「第二次降臨」）是新約終末論的焦點形象。其他一切都是據此而設的。聖經記載上帝的救贖和祂對受造物的更新，是以耶穌為焦點，這不只是中心性的（注目於祂的生、死和復活），也是最後性的（注目於祂的再來）。由於耶穌是普世命運所繫之人，在普世的故事完結之前，祂的故事還未落幕，而且相反地，世界的故事在祂來臨完成之前，是不會結束的。[13]耶穌基督的來臨是基督教盼望的焦點所在，因為祂的未來就是我們和一切受造之物的未來。這樣的意思，無疑不僅指未來是「被基督所塑造的」（Christ-shaped），這個未來也與祂的過去相關。[14]它的意思是耶穌自己作為道成肉身的上帝的兒子，在祂被高昇和尊崇的人性中，一直既是人也是神，祂與世界擁有一個未來，那是全然屬於祂自己和世界的未來。假如主再來的形象，沒有告訴我們關於耶穌的甚麼，那麼它也沒有告訴我們任何關於人類命運的事情，因為耶穌所開拓和模塑的，不只是現在，也是為了永恆的一切。

對主再來的設想，有兩個主要難題。其一，它是引領世界的短暫歷史來到終結的事件。它不只是世界歷史的最後一件事，更是結束歷史的事件。它不可能是在時空中發生的事件，就像其他歷史事件一樣，因為它是影響一切時空並把他們改變進入永恆的事件。然而，我們能夠想像的事件，都是在時空中發生的。故此，新約把主再來描繪成一次事情，隨著時間的接續，耶穌在其中自天降臨到地上。祂往往被描繪成在屬天榮耀中光彩奪目，坐在雲上並簇擁著大羣天使，就像君王一樣駕臨在地上，進入祂的國度中（例太十六27～28；帖前四16；猶14～15）。

我們承認(正如我們在第四章中所認為的)在聖經這樣的描述中，並沒有歷史先例，不過終末論想像的工作，也可以協助我們處理設想主再來的另一個難題。由某一個人造成一次真正的普世事件，這是難以想像的。「眾目要看見他」(啟一7)的預期，即使在古代世界的概念中，也極難按照字面去理解。今天，我們大概會有耶穌再來是以某類人造衛星廣播全球的滑稽印像。某些拘泥字面解釋聖經預言的人，嚴肅地建議，主再來將會通過電視螢幕讓全人類見到。不過，承認主再來是超越歷史的，就讓我們不必拘束於這類現實的猜想。耶穌自己與一切受造物的終極未來之關係，在神學上可以根據祂在神聖旨意的角色去理解，視之為一個惟獨被上帝與全人類所確認者。新約對此的想像描述，應該嚴肅對待，卻不是按照字面解釋。

新約中許多用在主再來的形象，以某種方式描寫耶穌基督達成了上帝對世界的完全和最後的統治。祂以君王身分來臨，坐在審判的座上(太二十五31～46)。祂是審判者，已經站在城門口準備入城(雅五9)。祂是以一位戰士的君王形象來臨，帶領天軍戰勝世上反對上帝的聯合力量(啟十九11～21)。祂來是要在上帝的統治被質疑之時，從惡人與敵人手中，拯救那些因忠於上帝統治而受折磨的人(帖後一9～10；來九28)。祂來審判萬民，包括活人死人(徒十42；提後四1；彼前四5)。一切受造之物，都要在祂面前屈膝，承認祂是主，是惟一至高的上帝(腓二10～11)。

值得注意的是，在許多這等經文的背後，存在舊約預言上帝「來臨」執行拯救或審判的決定性行動。對新約作者而言，耶穌以救世主和審判官的身分來臨，就是上帝在終末臨到祂的創造，建立祂的國度。在這次事件中，現今所有不忠於上帝對祂受造物統治的人，必然在上帝永恆臨在而受造物得以完全之前，被審判和毀滅。

在新約中，不但把主再來描述成是耶穌的來臨或到達(coming or arrival)，也描述成是祂的啟示(例如林前一7)或顯現(例如提前六14)。兩者的用語方式，清楚表明主再來不只被想像成現今所發生事情的高峯，也是以終末的新奇之事，取代現有事物的神聖行動。現今不在世上的耶穌將會來臨，為了成就祂現在所沒有做的事情。現今藏在世界背後的耶穌，將會顯露出來。當然，耶穌來臨的形象，並非暗示祂現今在世上是不重要的。不過，祂現在沒有顯現出來，原因是為了祂將會在末日來臨的目的：審判。

雖然來臨的用語，特別清楚顯示主再來所帶來的，不再是相同的事物，而是某些新的事情，隱藏和彰顯或啟示的語言，也以自己的方式顯出這一點。現今所隱藏的，是耶穌的屬天榮耀，祂對全世界的主權，那是祂坐在上帝的屬天寶座，在上帝的右邊所描繪的，而且也是祂與其子民的團契，在其中隱藏了他們作為祂子民的真性情。

現今這樣隱藏耶穌的統治之意思是，例如在啟示錄中，獸的能力可以顯出像是上帝般無法被征服的，戰勝基督徒並把他們置諸死地。從上帝的觀點來看，事情的真相——例如，殉道者透過他們所見證的真理——甚至為此而死，而成了真正的勝利者——向那些有眼可見的人開啟，不過這也只是在主再來時，最終成為真理，讓所有人得知。這啟示不只是揭露那些已成真實的事情，因為揭露本身，就已經造成分別：沒有人可以再假裝或被欺騙，那些憑著欺騙來行使權力的人，不可以再做下去，所有的假象和迷惑，都必然在上帝的真理面前消滅，而且所有攀附前者的人，也都要被消滅。就在這意思上，耶穌雖然已經坐在宇宙的寶座上，卻還沒有帶領一切事物臣服於上帝。祂主權的啟示，也將會是它最後的成就。由於君權、戰爭和審判的形象，在今天可能讓人感到不快和誤解，故此有需要說明它的意思，藉著真理最終啟示的聖經之描繪，及其驅除一切謊言和欺詐的力量。

由此看來，主再來是為歷史下總結的事件，讓所有事情的真相顯露。因此「啟示」和「顯現」的語言，是用在聖經的經文上而不只是用於耶穌（祂與世界的真正關係，會向所有人顯示出來），更是向所有人顯示，祂對每一個曾活著的人之審判，將會在光明中顯現（林前四5）。隱藏的事，沒有不被人知道的（太十26）。各人生命的完整和最終的真相，不只是那人才知，而是將會眾人皆知。同樣地，「啟示」和「顯現」的語言，是用於那些相信耶穌者的最終命運，「到末世要顯現的救恩」（彼前一5；比較西三4）。主再來是所有現今隱藏之事的揭露，顯出一切活物和事情的所有和最終真理，那是決定了這個現今的創造被帶進入永恆的形式。

故此，在主再來中，不論是將來的和顯露的，某些事情發生（在與現今世界的關係中）將會是新穎的和總結性的。我們再一次發現，我們要面對基督教終末論那難以迴避的超越性特質。主再來不能僅僅被視為是歷史結果的一個象徵，將會由歷史本身所提供。它是未來，從上帝臨到上帝的創造，而且是把救主和主賜給世界的獨一上帝所賜下的那一位之來臨。

復活

一宿過去，我們在永恆中醒來，
而死亡不再；死亡，你要逝去。

多恩 (John Donne) [15]

在一次閃耀中，在一道號筒聲中，
我突然成為基督的樣子，
因為祂曾經成為我的樣子，
而且
這個打雜工、笑柄、破舊的陶器、補片、碎木屑、
不朽的寶石，
正是不朽的寶石。

霍普金斯 (Gerard Manley Hopkins) [16]

復活原本就不是一個概念，而是一個形象。它描繪躺臥在墓穴中的死人，因著上帝而再次起來或復生（例如約十一24）。聖經還有其他方式描繪這個形象所指向的實況。死人可以被描繪成睡在墓穴中，直到他們再次甦醒（但十二2）。在墳墓裏的死人要聽見神兒子的聲音，吩咐和召喚他們復活得生，離開墳墓（約五25、28～29）。大海和陰間按照擬人化的方式描述，他們拘禁著死人，直至上帝要取回他們，他們被描繪成把死人交出復生（啟二十13）。死人可以被想像成像種子般撒種在地裏，新生命有一天將會從中含苞待放（林前十五36～38、42）。復活作為一個神學的概念，是取決於這些形象，因為只有在生命的這幅圖畫中，死亡的這一方才能被想像為永生的恩賜，給予想要超越死亡的死人。

這些復活的形象有幾個，至少包括我們上述列出的前三者，他們所暗示的正是復甦——回到這個肉身的生命。他們可以用來描述耶穌施行的復活神蹟（比較可五39；路八14～15；約十一43～44），那只是讓最近死去的人重獲必死的生命。相比之下，耶穌的復活和死人在歷史終結時將要復活，新約清楚地把其理解為進入一個全然不同的新生命，超越死亡的力量。那麼，復活就不只是復原，更是轉變。在上述形象中，只有保羅的種子隱喻把這一點說得明白，也有其他經文清楚描述（但十二3；太十三43；可十二25；腓三21）。

請留意，復活的主要形象，都是全人性的（holistic）——意即是把整個人視為不可或缺的整體。他們設想死人復生，不論死人被描繪成在墳墓中的屍體（大多數情況）或藏在陰間（啟二十13）。他們不是描繪成死人的靈性倖存，就像希臘人把死亡描繪成靈魂從肉體的監牢中釋放一樣。關鍵不在於是否有甚麼東西倖存：許多新約時代的猶太人和基督徒都是這樣想。不過，這樣的倖存只不過是在死亡中的倖存而已，那是死亡的狀態。復活不是這樣子的：那個整個身體重得生命。它是更多於此的——因為死人所得的生命勝過肉身的生命——卻不只那樣子。

故此，上述形象描繪了一種死亡的逆轉：沉睡的醒來，死人離開墳墓。被造人類的本質是以死亡終結，復活並不是其內在的能力。復活是上帝新穎的創造性作為，把生命再次賜給受造物，否則他們會回到無有，這無有是在第一次創造行動時由上帝帶他們離開的。上帝兒子的聲音呼召死人復生（約五25），等同於上帝在太初使萬物受造的創造性用語（創一）。然後，復活的盼望不是建基於人性的分析（正如柏拉圖〔Plato〕證明靈魂不滅，或如一些宗教哲學所提出靈魂不滅的理據一樣），[17] 而是在於對上帝的信心。復活的盼望是對上帝的徹底信靠，相信祂仍然信實對待祂那物質性和會朽壞的受造之物，相當重視它，不容它枯萎。基督教的復活盼望是徹底信靠那位在物質性和會朽壞的人性中道成肉身的上帝，並設定祂臨在的印記於其為祂的永恆價值上。基督教的復活盼望是徹底相信那使耶穌從死裏復活的上帝，從而承諾祂自己也提升那些相信耶穌的人。

全人復活的形象，以猶太教和基督教對肉身的理解為大前提，他們視肉身為人類個體所不可或缺的，這是與希臘哲學視真正的人為非物質的精神之觀念相反。在這一點上，若能弄清楚保羅討論死人復生時的形式（林前十五35～49）是有幫助的，因為這往往被誤解，而誤解經常出現，是由於對關鍵字詞的誤譯所致。

當保羅把凡人與復活者的肉身形式作出對比時，第44至46節的對比，並不是在於「物質的」身體與由靈所造或某種形式「非物質的」身體之間。「屬靈的身體」在這意義上，是一個直接矛盾的說法。關鍵的用語是「血氣的身體」（*soma psychikon*）和「靈性的身體」（*soma pneumatikon*），是由「身體」（*soma*）和兩個源自名詞「血氣」（*psyche*）和「靈性」（*pneuma*）的形容詞組成。一個「血氣的身體」不可能是一個由「血氣」造成的身體。它必然是一個由「血氣」賦予生命的身體，那是這個世界的自然生命，這生命會在死亡中結束。身體是由它的生命類型（而不是在於構成它的物質）所限定的。同樣地，一個「靈性的身體」必然是一個由「靈性」賦予生命的身體，那可以是聖靈、神聖的、永恆的生命，賜給那些從死裏復活的人。[18] 在此不是說身體的兩種形式的相對物質性。

保羅列出兩類身體形式的其他對比有：必朽壞的和不朽壞的；羞辱的和榮耀的；軟弱的和強壯的(42～43節)。這些顯示一個復活的身體並沒有凡人身軀易受痛苦、傷害、衰弱和死亡影響的特質。比這更多的，保羅就不能說。他所說的決不超越他及其他早期基督徒所認識的會死的和復活的基督，祂實際上(在祂受死和復活的肉體身分中)正是保羅對我們的死亡和復活的模式(47～48節)。同樣地，約翰一書的作者樂於承認，我們不知道我們將會是甚麼，只有當耶穌顯現時，那是主再來之時，我們必要像祂(約壹三2)。

某些二十世紀的神學家(尤其是巴特〔K. Barth〕、潘寧博和莫特曼)[19] 曾經提議，把身體復活理解為把整個短暫的生命，死人曾活過的生命，提升進入永恆。這樣的話，清楚地由同一身體所提升。這樣的提議，應該視為另一個復活的形象，而不是對聖經的復活形象的解釋。就像聖經的形象一樣，它本身是不足夠的，尤其是因為它非常難以這樣理解耶穌的復活。不過，它可以說明，對永恆生命的思考並非沿著時間的路線，從死亡的一刻延伸往前，而是作為時間性的一種新類別，在其中個人生命的整個時間長河，是以某種方式經歷醫治和轉變。例如，患了老年癡呆症而死的人，她所復活的將是她肉身生命的整體，而不只是她最後死亡時的狀況。當然，我們難以想像這是如何出現的，那是不相關的。我們不能想像復活實際的情況。在第四章中記載的事例，說明終末論主張必然有的想像性本質，可以應用在某些形象上，這是惟一進入復活概念之路。

由於教會在二至三世紀之間與諾斯底主義(Gnosticism)進行抗爭，身體復活(雖然往往會將身體的復活設想成再次與不朽的靈魂聯合)成為正統的信仰，也是對抗摩尼教(Manichean)或柏拉圖主義那貶低物質的教義之堡壘，提醒人物質世界(包括人類的身體)都是上帝的美好創造，擁有永恆(而不只是短暫)價值。柏拉圖主義在基督教傳統中的持續影響，經常意味著，實際上基督徒相信靈魂不朽，多過身體復活。其他在現代的影響，在許多民間信念中已經造成這情況，雖然事實上，人性的現代科學理解，讓我們比不具形體的倖存更容易理解全人性的復活。

不過，身體復活之所以成為正統信仰盼望的重要特徵，還有一個原因。身體不只是人類個人身分所不可缺少的部分；它也是與其他物質創造的人類社會性和人類團結性的中介。鑑於一個對於純粹靈魂不朽的盼望，想像人類的命運是有別於這個世界，而且傾向在個人主義的名義來設想它，身體復活的盼望不可能停止於人類的個體(沒有人類的社會性)或在人類中沒有上帝創造的剩餘部分，在其中身體的被造物是我們深深埋置的。現代對於我們與其餘動物受造物之間的延續性之深廣的科學研究，只是增強基督教對身體復活的盼望所已經暗示的，正如保羅在羅馬書八章19至23節中認定的。我們的命運是束縛於這個世界，而我們的復活將會是我們在上帝對所有現實之新創造中的參與。

新的創造

我們顯然要知道的只有一件事：即使在永恆之

中，那裏仍然是一個世界。

卜仁納 (Emil Brunner)[20]

在我們的復活中
天與地將會被上帝更新，
釋放所有受造之物，
給予他們逾越節的喜樂，與我們一起。

敍利亞人以法蓮 (Ephrem the Syrian)[21]

新創造的形象，在我們前章的討論中，已經顯著描述過。這樣做，一方面由於它可能是終末性拯救和更新的最普遍和包括萬有的形象(雖然上帝的國度的形象，也可以按照那方式來看)，而且也因為它清楚承擔終末論的超越性層面，我們發現它重要地針對純粹內在的終末論，沒有陷入對終末性未來的全然中斷和他世的觀點。

透過喚起太初創造的類比，新的創造讓我們聯想到上帝新的創造行動，在其中所實現的可能性不是屬於首先創造的內在潛力，而是來自上帝創造能力和愛心的超越潛力。同時，新的創造——驟然聽來可能覺得弔詭——就是**這現今受造界**的新創造，是它的更新，而不是它的代替。新的創造正好是現今世界(一切受造的現實)的未來，不是源自這個世界的歷史，而是將會由上帝所賜予。它需要來自上帝的行動，正如在太初之時的創造一樣，不過在這情況中，它將會是保存了首先創造的身分，同時又創造性地改變了它的行動。根據耶穌所說，正如我們只有藉著捨己才可以找到自己，這世界也是一樣的。整個受造的現實將會發現自己，得回自己的真正身分，並且第一次完滿地實現，是藉著在上帝裏失去它自己。這個世界與其終末命運之間的連續性，將會藉著上帝通過上帝的新創造作為之不延續性，從而賜予它。

這個基督教的盼望，乃是整個受造現實將會被上帝更新，藉著祂的臨在而得榮耀，並且與祂自己的永恆生命聯合，那是在大多數的基督教歷史中較少被基督教的想像所持守的。或許就在這裏，柏拉圖主義的遺產在基督教傳統中有最廣泛的影響力。肉身復活的教義性，肯定難以抗衡人類命運的完整精神化，這樣的堡壘沒有那麼有效地對抗持續傾向理解人類命運，是一個除了創造的剩餘部分之外的命運。人性從與剩餘物質世界的連續性和團結性中抽離出來，它的特色——在對上帝的合理性和體認性中——會被誤解為它對永恆的獨特適合。故此，基督教的盼望，經常被理解為人類在另一個世界（「天堂」）得以完滿的盼望，而不是對我們所生活的世界的永恆未來的盼望。

這個他世性並非如經常所言的有害。無數基督徒的靈性生活和盼望，都是徹底他世的（例如許多中世紀及其後的修會成員），卻把他們在地上的生活委身於這個世界的活動中，例如照顧病患和貧弱者。自然世界的現代支配和濫用，並不是（正如經常宣稱的）傳統基督教的他世性結果，正如現代人假定上帝般的能力對世界的凌駕一樣。中世紀對自然的抽離，比不上現代對自然的介入所造成的損害。然而，基督教傳統的溫和柏拉圖式他世觀（還有〔人類中心說〕，這也是基督教神學的一個希臘式遺產），是剝奪了基督教的意志或能力，使其難以抗拒現代計劃對自然的科技征服。假如上帝的創造最終只不過是一個要拋棄的世界，當它作為人類靈魂製造的谷地的目的完成後，注定要消滅，那麼我們怎樣對待它似乎就不是那麼要緊的事。

正如我們在這章的下一段將會看到的，千禧年的傳統不時提供了一個基督教他世性或多或少有影響力的資格。不過，大體上說，現代已經見證了傳統基督教的他世性(個人在死後另一世界的命運)，與一個整全的進化性和歷史性進步的內在性終末論(一個對種族而不是個人的世俗千禧年觀)的對比。絕大部分所失去的，是對**這個世界**的**超越性**未來的盼望。這實際上是聖經和基督教的盼望，在近代神學中已經一再被重申，卻仍然要吸引大部分當代基督徒的想像。

新創造的盼望，是為了一切受造物的未來的盼望，它是不能從受造物的內在潛在性所發展出來的，而只能由超越的上帝的新穎而創造性的行動所賜予。所能想像的，是一件獨特的事件，只可以對比於創造的原來行動。故此，現代對宇宙的科學性理解，既不能否定它，也不能肯定它，雖然它可以按某種方式從我們對宇宙是怎樣子的認知中預測得到。不論宇宙的未來最終是甚麼，作為它對發展和瓦解之潛力的結果，新的創造都不是那個未來。新的創造完全是新的——是終末性新的——未來是上帝將會賜給祂的創造，而且除了是超越性上帝的超越行動之外，不能期待有別的東西。

那是受造物將會得著完滿和改變的行動。回顧而言，它將會見到，這是上帝恆常命定的未來，其歷史適當地完成，然而也是這個未來，將會承擔世界存有模式的徹底轉變，那是我們只可以理解為參與在上帝生命中的轉換。世界從無常和罪惡中得釋放(羅八19～23)，就會以一種現今難以想像的方式，反映上帝的臨在和榮耀。世界將會因著上帝的臨在而得榮耀，而上帝將會因著在受造物中反映神聖的榮耀而得榮耀。

現今受造物與新的創造之間的連續性與非連續性的問題，實質上與人類身體復活的概念是同一問題（留意在羅八19～23中的清楚聯繫）。由於保羅把新的創造的用語，甚至用於基督徒的現今狀況，故在復活的預期中已經得到改變（林後五17），這清楚顯示聖經描繪舊創造的毀滅和新創造的出現（賽六十五17；彼後三7、10；啟二十一1），並非真的設想成這個舊創造由別的代替，而是強調徹底的改變，涉及上帝對舊創造的創造性更新。

假如現代科學對宇宙的理解不能動搖對新創造的盼望的可信性，它卻可以影響我們對新創造的理解方式。在聖經的時代中，非人類的受造物，大多是理解為靜態的。沒有人會想到在時間的洪流中，物換星移，陸地移動，物種出現和消失等。它在現今的意義，對我們非常清楚，就是受造物有它自己在人類之外的漫長和重要的歷史，這是古代人所不認識的。聖經的作者沒有因此而要認為，新創造是否將會發生於創造，只是在於它將會在結束的一刻，或遍及它的存在。

不過，對我們來說，想像上帝取了整個創造進入祂的永恆國度，可以被視為意即想像新創造是不只共時性地（synchronically）對著全世界，正如它到了最終的樣子，卻也是歷時性地（diachronically）對著受造物歷史的整個時間段落。換言之，我們需要超越可能許多基督徒輕率接納的景象，在其中它對著世界只是正如它在歷史的末端，那是終末性事物改變將會發生的，而從我們現今至歷史末端的時間路線，只是繼續邁向終末性時期之外。這是對世界的最後階段，給了一類終末性的特權，即世界將會在歷史中獲得這類似現代進步意識型態的內在盼望，多過是聖經的終末性形象。更確切地說，是類似復活的形象，以之為提升個人短暫的生命進入整個時間範圍的永恆中，那是我們在前章中所建議的，以致所有事物的新創造將會得以(通過改變)進入永恆之中，那是所有曾經發生之事通過這世界時間的永世中。

只有這樣，我們才可以斷言「沒有甚麼將會失去」，凡是在上帝的美好創造中有價值的東西，一切上帝所重視的，以及不會消失進入無有之中的，將會聚集成為新的和永恆的創造。不用說，若謂我們可以明白這個沒有前例的作為如何發生，這是荒謬可笑的。它束縛了我們的知識，正如它對創造本身所造的。

這樣的觀點，應該會影響了我們如何評價受造物的方式。這不是一個可丟棄的世界，不論在他世性終末論的觀念下，或是在現代進步主義計劃的觀念下——那是破壞自然，試圖按我們的心意重建它。

千禧年

基督教終末論——終末論，那就是，是彌賽亞式、醫治和拯救的——就是千禧年的終末論。

莫特曼[22]

詩人說在農業之神統治的黃金時期所發生的一切事，將會出現。

拉克單丟 (Lactantius)[23]

在基督教歷史的大部分時候中，有相當多基督徒（稱為千禧年論者的，英文是millenarians、millennialists或chiliasts）已經在期待一段屬地完美的時期，在其中這個世界的生活境況將會徹底地改變，那是在這個世界的歷史結束與新的創造之前的。這個理想的時間稱為千禧年，因為千禧年論者，把它等同於啟示錄二十章所描述的一千年。對千禧年論者而言，這個時期有終極來臨之前的一刻和過渡性的特徵。它被想像成一個地上完美的暫存和臨時的時期，正是在天上完美的最終和永恆的狀況之前。當然，對於期待千禧年即將出現的千禧年論者來說，那是隱約出現在他們的想像中，比新的創造更多，不過原則上，它只是上帝旨意在終極之前的目標而已。

千禧年作為終末盼望的特殊性質，在於它有此世的形式，而且無疑這也構成了它的獨特吸引力。它代表了期待上帝來在這個世界中實現祂的國度，消滅邪惡，帶至生活狀況的完美——政治、社會、經濟、自然——那是屬於這個創造的。千禧年的此世特質，顯然是較為重要地相對於在基督教傳統中，強調以非常他世性的用語來想設新天新地和永恆國度。這愈是像對現今創造的一個替代，就愈是期望上帝在取代它之前去完善這創造。

許多對於千禧年的討論和爭議，都是環繞著啟示錄二十章的爭議解釋。[24] 這是自然的，因為這段經文是主要的解經標準，在其中懸掛了千禧年的信仰。不過，它是不幸地在此為基督教的千禧年傳統，要有這個解經問題的重要決定性。那些不信任千禧年論者對啟示錄二十章解釋的人，假如認為這可以讓他們忽略基督教千禧年論的傳統，就是犯了錯誤。這傳統決非侷限於某些教派羣體，而是在某些時期中經歷了廣闊的民望訴求，在某些時期甚至在主流的神學傳統中是重要的。[25] 在基督教歷史中如此重要的現象，應該得到比解經更多的注目。

若從千禧年傳統轉向啟示錄二十章的經文，嚴肅地嘗試從這卷書的文章脈絡閱讀經文，就會對啟示錄這麼少談及千禧年感到意外。事實上，千禧年的實踐有一個非常獨特的功能，見於啟示錄的異象敍述。[26] 它描繪了殉道者的辯證，那是基督對邪惡的地上力量在主再來時必然有的勝利（啟十九11～21）。在獸與耶穌的忠心跟隨者之間激烈的衝突中，正如啟示錄所描繪的，獸顯然是勝利地統治，並行使他所宣稱擁有的絕對權力，而殉道者（那些對上帝和基督的統治作見證的人）似乎被擊敗了。然而，從約翰異象的屬天角度看，殉道者才是真正的勝利者。當主再來時，這天上的異象最終會勝過地上的，以致事物的真正真相顯明，不只那獸被擊敗必被看見，也有許多殉道者的勝利必被看見。顯現必然是顛倒的，以致那顯現在現今等同於真理。當地上分享了獸之褻瀆統治的君王被奪走了王國，殉道者如今就與基督一同統治。當獸要受第二次的死，而他的跟隨者也被殺時（十九20～21），殉道者要得到生命，而第二次的死對他們再沒有權柄（二十6）。

生命和統治——這兩個問題是殉道者與獸所注目的矛盾——是千禧年敍述的惟一主題（二十4～6）。在這兩個情況中，敍述所關注的，不只是相應對比顯出殉道者統治的實況與獸統治的假裝，前者更是遠勝於獸的統治。殉道者現今所活的生命，是終末性的生命，超越死亡所及之境。他們的國度不只是獸所容許的三年半，而是不能想像的長時期。[27]為了證明他們的勝利非邪惡所能再次顛覆，魔鬼得到一次迷惑列國的最後機會(二十7～8)。可是，這並沒有恢復獸的統治，他被容許把忠誠的基督徒置諸死地，因而似乎得勝了。這時候聖徒的城堡，被證明是攻不破的(二十9)。

千禧年統治的形象，正如在此所用的，描繪了殉道者在主再來時得到伸冤。它是藉著述說一個故事來描繪這一點，不過只要我們克服了即使學術釋經學者也會有的傾向，即是以字面來閱讀啟示錄的形象，我們就沒有理由認為這個形象如字面上預言的一段時間。假如我們沒有假定，那是一頭有七頭十角的怪物時，我們為何應該假設會有一段聖徒統治的時期？千禧年是主再來其中一種層面意義的象徵——殉道者得以被辯明是真正的勝利者。它講述了一個故事，為的是給予這個辯護一個想像性的形式。

這樣對千禧年的非字面解讀，似乎被兩個事實所肯定。一方面，約翰所告訴我們惟一關於千禧年的資料——殉道者與基督一同生活和統管——對新耶路撒冷而言是正確的(二十二5)。假如千禧年是一段真實的時期，那麼啟示錄認為它在上帝的旨意中沒有功能，而新耶路撒冷也沒有。(當然，相信千禧年的人把其他功能賦予了它，但不是啟示錄二十章。)第二，把千禧年按字面解釋，引起了一些解經者總在討論的謎題：聖徒所統治的是誰？他們的統治是從天上統治，抑或是在地上？復活的終末性生命，如何與沒有經過更新的大地共處？撒但在千禧年末蒙騙的民族是誰？諸如此類。只要我們按照字面來解釋，千禧年就難以理解，然而卻是完全可以把殉道者的辯證，理解為終末的一個象徵。

毫不意外地，千禧年在基督教歷史中，有時特別成為殉道者的盼望，一般見於君士坦丁之前 (pre-Constantinian) 的時期，也特別見於愛任紐 (Irenaeus) 的作品。不過，從我們有基督教千禧年主義在二世紀初之後的最早證據中，千禧年的意思，經常不只是殉道者的伸冤。它的意思是有在自然世界中樂園的重現，在人與人和人與自然之間有平安，物質的豐裕，痛苦與貧窮的消失，社會的平等性，完全地公義的政府，真正的神權統治，以色列恢復成為在上帝對世界統治中的中心位置，諸如此類。當然，這個異象的細節和重點，會有不同，但千禧年大體上已經成為基督教烏托邦盼望的焦點，那是在地上人類社會和自然環境的一個理想境況。

在這方面，最早期的千禧年主義是建基並延續著某些猶太天啟文學的猶太傳統，這些作品期待在新的創造之前，在地上會有一個過渡的彌賽亞國度。當啟示錄二十章使用這傳統只作某一特定目標時，基督教的千禧年傳統正跟隨著傳統，在千禧年中尋找舊約較為此世性關於救恩預言的成就。異教徒對以往黃金時期的描繪，也投入在基督教千禧年之中，而且一般而言每處地方和時間的千禧年主義，已經規劃出它的千禧年理想，相應於它的獨特境況。相當經常的 (雖然並不總是)，這些是貧乏者和受壓者為社會公義而有的盼望，而且是這時代有壓制性的政治和經濟體制的結束。

千禧年的傳統必須加以嚴肅對待，因為它在許多方面是較為內在的守護者，也是基督教終末性盼望的此世層面。[28]這個盼望的另一層面，例如上帝的異象和一切受造物在上帝的永生中之榮耀，相比之下都是較為超越性和甚至是他世性的。在千禧年的傳統中，基督教盼望的這兩方面，已經分別指派給千禧年與永恆國度。在非千禧年的基督教傳統中，較為內在和此世性的一面，已經被忽略，而在現代世俗進步的千禧年觀中，較超越和他世性的一面，則完全被擱置一旁。基督教的終末論要有其傳統盼望的兩面，而它需要千禧年的傳統來提醒它的內在性和此世性的一面。不過，它似乎沒有需要跟隨千禧年傳統，按照時間性區分在永恆中的新創造與基督在其之前的此世國度。

正如我們在本章開首段時建議的，我們要理解新的創造本身並不是現今世界的取代，而是這個世界的終末性未來。假如(並且只有)新的創造以這種方式被理解，那麼它在此世性與他世性的終末性概念便不是不相容的，而是一個終末性實存的兩個層面。此時此地的受造物，與更新改變的受造物之間的非延續性，並沒有取消他們之間的延續性。現今的受造物，在它的終末性更新(新的創造)中找到其目標和完善；它並不需要一個在歷史中的初步和臨時的目標。由於終末性思想是不能想像者的一幅想像性圖畫，我們就可能要運用其他的形象去代表終末性盼望的不同層面，不過我們明白這些形象是以不同的角度描繪同一的終末性實存。當按照字面預言來閱讀那事時，那不是他們的協調性為要緊，而是他們的神學統一作為形象，注目於上帝對世界應許意義的不同層面。我們在第四章中詳細解釋終末性語言的想像性功能之重要性，在此再次浮現。

千禧年傳統注目於基督教盼望的此世性一面，在某程度上是重要的，因為那是終末性盼望的這一面，提供了基督徒生命現今某些層面的推動力，兩者按照正面是目的，按照負面是終末論的附帶條件。一方面，它提出了一個烏托邦的模式，在其中激勵在世有責任和有盼望的活動，部分針對並期盼接近在此世生命中要來的國度。(這是我們在以下第六章中將會較完整闡述的終末性盼望層面。)另一方面，它也提醒我們，此世或在此世中的教會還不是聖徒與基督作出終末性統治的地方。基督教盼望中此世性的一面，可以使授權基督教神學抗拒那支配的權力，正如在羅馬帝國或中世紀教廷君主政體或現代極權主義或當代經濟霸權，他們宣稱有神權政治的絕對性，而且禁止所有對這個實現性千禧年論表示懷疑的異議。[29] 在此也是按照其嚴格聖經角色而來的千禧年：它授權那些人必須揭露敵基督的謊言，而且擁護上帝統治的真理，對抗所有屬地的景象。

最後的審判

全能的審判者，可憐的人怎能忍受
　　你那令人畏懼的注視，
讓一顆鋼鐵之心驚恐，
　　當你呼召之時
為每一個人獨具的名冊？
當其他人想做之時，我並不知；
　　然而我聽說，
某些人將會轉變你使某些人離開那裏，
　　罪惡之虛空，
他們的優點將會勝過。

但我決定，當你將會呼召我時，
　　那要婉拒，
而且把一部約推在你的手中；
　　讓那被審視，
在那裏你會發現我的缺點就是你的。

赫柏特 (George Herbert)[30]

在聖經中，終末審判的概念是由兩個形象所傳達的：由軍事勝利而來的審判，以及在法庭中的審判。在傳統上稱後者為「最後的審判」(the last judgment)，而且也是信經提及之處(耶穌基督將來必會「降臨，審判活人死人」)。基督教藝術擁有悠久的傳統，描繪審判者基督把作惡之人送往地獄，而把蒙救贖者送往天堂。對中世紀的基督徒來說，它必定是最為人熟悉的宗教景象。然而，到了現代，由於眾多原因，包括審判是與上帝的愛有矛盾的意識，以及逐漸期望所有人將會在末日得到拯救的觀念，故此，最後的審判已經成為一個最受忽略的主要終末形象。

新約運用了軍事和法庭的形象。前者取決於舊約的神聖戰士主題：上帝是擊敗祂的敵人及那些屬它的(例如，參賽六十六15～16，在帖後一7～8中應用於主再來)。不過，由於神聖戰士的戰鬥在於施行公義，祂也是一個審判者(比較猶14～15)。在兩者的形象中，上帝或基督制定公義，不管是作為審判者坐在審判席上宣告清白者或有罪者的裁決(太二十五31；林後五10；啟二十11～15)，或作為王室戰士，去毀滅邪惡和釋放受壓制的人。

故此，在啟示錄十九章11至21節中，基督是被描述成神聖的戰士，要在戰爭中擊敗祂的敵人，但祂也是審判者(11節)，祂烈燄般的眼睛穿透人心的真相(12節)，而祂的利劍是祂口中發出審判惡者的話語(15節)。當獸的軍隊被祂口中的劍擊敗時(21節)，兩個形象就結合在一起了：他們是被激烈的暴力所殺，或他們是因神聖裁決的亮光彰顯了他們生命的真實所毀滅的？沒有必要把某一個形象淩駕在另一個形象之上，正是因為兩者都是**形象**。兩者都不是**描述**在歷史終結時將會發生甚麼事；兩者是給予盼望**想像性的表達**，這盼望是上帝必然最後從祂所新創造的世界之前移離邪惡。這形象的交替和結合，是要提醒我們兩者都是形象。

神聖戰士的主題，是最適當地描述耶穌基督在上帝的國度的成就，透過戰勝那些違反上帝統治的邪惡力量(帖後二8；啟十九11～21)。在啟示錄中，首要的是邪惡的系統必然要被毀滅，獸及牠的假先知代表了由超自然邪靈所顯示的一個政治和軍事系統。人民被毀滅，是因為他們把其命運投注在獸的身上。

一切人類(不論生人和死人)的另一個形象，顯示在上帝的審判座或(在某些經文中)基督的審判座前，是有一個不同的重點。它集中於每個個人生命的真相的揭露，以及它的司法評價。然而，值得注意的，正好是獸作為在終末戰爭中的主要敵人，那麼，在最終法令的一個描述中，有火為魔鬼和他的使者所預備，責難邪惡者(太二十五41)。那義者承受為他們所預備的命運，那是真正的人類命運(太二十五34)，因為他們的名字已經寫在生命冊上(啟二十12、15)，然而惡者是因著他們選擇邪惡，留給他們所選擇的命運。故此，雖然最後審判在這段關鍵經文中是有兩個結果，他們卻不是對稱的，正如中世紀對世界末日的描繪可能讓我們以為的。一個是上帝已經創造了人類的命運，另一個是拒絕那命運的結果，而且作出一個邪惡不可改變的選擇。

另一個理解這一點的方式，是經由約翰福音對耶穌基督關乎審判似是而非的描述。由於耶穌在祂道成肉身的生命中，是上帝的真理彰顯在人類的歷史中，末日的審判，在某種意義來說，是已經發生在人們對祂的回應之中。那些拒絕來到亮光的人，祂會顯出他們的生命(選擇在黑暗中追求邪惡)是已經被定罪的。耶穌自己沒有定任何人的罪。祂來不是要定罪，而是要拯救。祂把上帝拯救全世界的目標具體呈現出來。然而，耶穌的信息，祂對上帝真理的見證，同一的見證，引導那些人相信祂而進入真理，但這見證也親自定那些拒絕它之人的罪。在最後的審判中，耶穌的信息(祂的目的是拯救)將會成為一個見證，對抗(而且也是審判)那些把他們生命建立在拒絕信息的人之上(約三17～21，十二46～48)。

故此，上帝願意拯救所有人的同一目標，不能卻必須承擔那些拒絕它之人的譴責。這部分的重要性，在於它讓我們見到上帝在基督裏的目的和聖經的描繪是一致的。同一位耶穌基督應該首先是作為救主而來臨，最終卻是作為審判者，讓許多當代基督徒感到不安，卻似乎不會成為新約作者的困難。不過，由道成肉身至主再來，上帝的拯救目標並沒有改變。那個目標的完成，帶至那些承繼永恆生命者之生命的最終真理亮光，是必然隨著任何抗拒那亮光的人之生命真理的亮光。

新約經文描述的最後審判的方式，仍然有三個重要的問題存在。其中一個是這幅描繪的雙重性。那些人試圖分配的，為何只有兩個命運？由於他們的整個生命被評價，難道不應有一個善惡的尺度，對應著賞罰的變化？答案是，雖然因著他們的行為，子民被審判，然而上帝的最後審判，是不會被理解為守法主義的司法工具及因果報應。被審判是一個生命進入永恆的適切性。行為所顯出的，是一個人的自我朝向上帝和美善的基本調較，或(相反地)是上帝和美善的基本拒絕。

因此，根據行為而作審判，並非與信仰的決定性本質前後矛盾。行為是信心有否存在的迹象。它也沒有排除上帝的憐憫。遠非如此。沒有人可以沒有上帝的無限憐憫而通過這項評價。不過，即使有上帝無限的憐憫，沒有一個以邪惡為基本取捨的人，可以進入上帝公義的永恆國度。在這個例子的性質中，他們不屬於此。不過，那些人(他們是罪人)渴求上帝的慈悲，在最後審判所顯示的最終事物真理中，被調校朝向上帝及祂的國度。他們是屬於那裏的。

第二，審判是以甚麼標準來進行的？雖然不同的新約經文，是以不同的方式描繪這個問題，但他們一同見到與基督的關係，正如在某些方式中見到的。我們可以按照以下兩種方式對此加以思考。其一是以耶穌就上帝的國度來臨的信息而論，是徹底恩典和徹底要求的信息。祂來是要召罪人，而不是義人，然而祂呼召他們所進入的生命，是徹底委身於活出上帝國度的生命。在最後審判中的裁決，既是根據行為，也是完全取決於上帝與此一致的憐憫。

另一種思考基督的方式，是按照十字架的語言而作的判斷標準。被釘十字架的基督帶有並代表上帝對罪人最後定罪的完全價值，但帶著它卻是為了讓上帝的愛可以臨到在定罪下的那些人，帶來生命的原諒和更新。那些人藉著信心可以看見，在基督（作為他們的代表）已經發現（暫時地）上帝為了他們的好處而有的裁決。上帝對罪人的至終定罪及祂對罪人的徹底恩典，其令人吃驚的一致性，在十字架上呈現，並且將會在最後審判中再現。最後的審判將會履行只有在十字架上一次過為所有人的至終決定。從這個觀點看，我們可以見到，那是錯誤地認為上帝的審判和上帝的憐憫會互相減損，好像我們更多給予審判，我們就更少賜給憐憫，反之亦言。相反地，兩者之間是直接相稱的。上帝的憐憫是如同祂審判的嚴厲般廣泛，而祂的審判也是正如祂憐憫的深度般不能妥協。

第三，譴責在最後審判中是否不能有定意救人的意味？上帝在歷史中的審判是有定意救人的意圖：他們揭露罪人必須悔改的罪行。那麼，難道在最後審判中這不也是真的嗎？所以，某些人有爭議。[31]他們在最後審判中看到定罪，揭露一個人生命的邪惡，以致我們不得不承認它是邪惡的，就像是一個疼痛地悔改和更新的淨化過程。最後的審判可以被視為是在拯救過程中的一個主要時刻，帶領所有人至終進入救恩。不過，這是重塑形象，並不符合聖經對它的用法。與神聖審判的其他形式不同，最後的審判確實是**最後的**。它燃亮了一個人存有的基本調校，正是在他們整個生命的歷程中所顯而易見的。它在那個完整的生命中宣告一個裁決；它不能改變它。

不過，還有另一方式可以證明最後審判是拯救性的。在新約中的福音信息，包括涉及最後審判的經文，其惟一原因是它可以作為那拯救信息在現今出現的理由。例如，在耶穌的講道中，審判總是對避免最後定罪之途的一個警告，是對作出決定和悔改的呼召。正是因為它不能改變在最終結局中的人們，最後的審判(隨著它對時間的預期，那時候將會是太遲作出悔改)是在現今去改變人。不是要滿足我們對於普世救恩的好奇心，而是要讓我們面對我們最終被定罪的嚴重可能性，那是在它的聖經經文中的形象的目的。這不是說，我們是活在對我們未來的恐懼不安中。在審判中親自來臨施行審判的基督，正是因著愛，為我們在十字架上承擔審判。在最後審判的亮光中生活，意味著記得我們的生活是活在上帝的檢查下，認識到我們將不會停止需要上帝在基督裏的仁慈，以及相信可以驅走恐懼的愛。

在以下的形象中，我們將會思考聖經和基督教傳統所帶來的某些方式，描述那些人的永恆天堂之樂，對他們來說，最後的審判是他們進入與上帝永遠生活的決定性入口。不過，某些人提到，應該在此指出最後定罪的對立性形象，描繪出那些人的毀滅，他們(在福音書的語言中)分享了為邪惡及其使者而設的命運。不論是誰將會造成這樣對邪惡的一個最終選擇，把他們的命運交給邪惡，那是上帝必然最終要在祂的美好創造中驅走的，那是一個不同的問題——而且是許多人想要留白的——源自嚴重性的問題，那是這些形象必然確定(在聖經見證的基礎上)要取的。

在他們的新約用法中(尤其是耶穌在福音書中的用法)，這些形象在我們面前帶來最後損失的真實可能性，不是為了嚇怕我們，以致悔改，那是無論如何都不可能真確的，其惟一動機，只是自私的恐懼，是為了衝擊我們，以致領悟信心和生命的自我定位的道德和終極的嚴肅性，那是讓我們聯結於上帝，或是對抗祂。然而，在這些形象的實例中，只有在那些描繪出永恆天堂之樂的例子，叫我們應該嘗試把他們的形象變化，縮減為某些地獄的字面構想形象。

新約對最後定罪的形象背後，有舊約對審判的形象，正如所多瑪和蛾摩拉的典型命運，他們是被硫磺和火毀滅，而且約化成為一道永恆的煙塵（創十九24、28；比較啟十四10～11），或在以賽亞書中的永恆蟲蛀和最終造反者的燃燒狀況（六十六24；比較可九43、45），或惡人看見義人最終要證明清白和蒙福時，必氣得咬牙切齒（詩一一二10；比較太二十二13，二十四51，二十五30）。新約的大部分語言，不是描述了最後的毀滅（例如太十28；約三16；林後二15～16；帖前一9），就是永遠的痛苦（例如啟十四11；比較太十八8，二十五41、46），但還有其他形象，往往結合了兩者，例如從上帝的臨在和蒙救贖者的極樂中被排斥和遭放逐（例如太八12；路十三24～28；帖後一9；啟二十二14）。後者不是在字面的用語中，結合了遭受上帝憤怒的臨在的另一個形象（啟十四10），那是另一個形象的說明方式，必須被視之為形象來閱讀，而不是按照字面的敍述。

從最後定罪的一切形象的運用中，清楚見到至少他們描寫出被上帝拒絕及其終局難以想像的恐怖。他們沒有暗示一個有限度的審判，或是一個煉獄式的經驗，在其中人們可以最終得到拯救。他們是代表了拯救的最終失落。越過了這一點，我們就無法前進了。傳統地獄的教義，按照字面採納永恆受刑的形象，但因而不得不較少按照字面來看最終毀滅的形象。我們認為，終末性的語言是不能簡化地形象性的，暗示我們應該滿足於容許不同的形象存在，而不是把一個約化成另一個，然而我們也必須避免把理解他們的方式，與我們對上帝及上帝在基督裏的旨意的認識相違。按照字面解讀這些形象，以往有時會使信徒對上帝所擁有的形象受嚴重扭曲的後果。而相反地，現今傾向完全拒絕他們，以致削弱了聖經對上帝審判記述的嚴重性。

上帝之園和上帝之城

樂園——它是真實或夢幻？
緩步在朦朧的亮光中，我在詢問，
差不多是一個安慰，假如過去
屬於這現今不樂的亞當
並非何事而是一個魔法的幻想
那個上帝是我所夢想的。

博爾赫斯 (Jorge Luis Borges)[32]

這城市不是奉承我們目前政治的定案
或來自妥協政客的一個認可。這個終末性的形象，最重要的，是展現出對比，而不是相似。

西蒙[33]

有人說，聖經的人類故事是開始自一個園子(伊甸)，結束於一個城市(新耶路撒冷)。這只是部分真確的，因為在啟示錄二十一章2節至二十二章5節中的新耶路撒冷異象，也有伊甸園的特徵（二十二1～2）。我們可以說，聖經故事是始於一個園子，也是結束於一個園子般的城市（garden city）。不過，若要明白這意義，我們必須對「園子」一詞小心謹慎。天堂（Paradise，也可譯作「樂園」）的意思雖然實際上已指「園子」，但它在聖經中卻被描述成是**上帝的**園子（結二十八13），而不是由人所造的園子。它並非如同我們經常想到人類的園子般，如自然野生的園子一樣。上帝的種植園子（創二8），是野生的——或至少它是自然的，正如上帝最初對它的心意；至於亞當成為**這**園子的園丁（創二15），不是意味著讓人類賦予自然秩序，而是尊重它作為上帝所賜的秩序，它並非源於自然以外的東西所造，而且關心自然，正如上帝造它的。

在樂園中的亞當和夏娃是一幅人類的圖畫，在理想上，與上帝創造的其餘部分和諧一致。他們被驅逐離開伊甸園，是他們從自然界疏離。伊甸園是一個自然世界的失落夢想，人類在其中可以完全感到平安和自在，人類社會常感到自己從這夢中被喚醒，期望他們返回其中，那欣喜是來自他們想盡快恢復的記憶。一次又一次，他們尋找它，卻是在他們自己製造的花園中，[34] 或在野生自然的田園部分中，或在藝術中自然的再現——自然的美麗而沒有它的危險，豐沃而沒有尖刺和暴風，鳥歌而沒有毒蛇，應許而沒有威脅。而這樣接近伊甸園，已經足以真實地和愉快地為伊甸園活出鄉愁。

然而，伊甸園不只叫人陶醉，並且是人類一度屬於其中的森林。它是自然的聖心。它是位於「神的聖山」（結二十八14），在世界的神秘中心，在那裏不只是人類和自然，卻也是上帝與人類和上帝與自然的合一。就其本身而論，它是給予生命的自然中心，世界的生命從其中不斷衍生和充滿。從伊甸園的山流下生命水之河，分為四條河流，象徵性地包含了地的四角 (創二10～12)。伊甸園是整個大地的肥沃之源，所有活物都是靠其而活。然而，離開伊甸園，所有生命都會面臨盡頭。一切活物會死亡。若是活在伊甸園之中，都會從生命的永恆之源而活。它可以飲用生命水，而且吃生命樹的果子。這樣，人類在伊甸園中的失落，更多是一個可能性的失落，過於是一個現實性的失落。基路伯的火劍捍衛著他們，不大是來自他們所擁有的，正如他們可以擁有的：由生命樹所代表的永生 (創三24)。

現代對聖經終末論研究前驅的學者，給了我們一句格言：末後之時 (*Endzeit*) 相等於原始之時 (*Urzeit*)。這是如何真確，可以見於聖經首兩章，對聖經末兩章的呼應。不過，新的創造在每一方面，都比最初的創造更佳。那不只是最初創造的完美，在損害性的邪惡對它施行之後得以修補。它是最初創造所未實現的應許之最終達成。在墮落之前的亞當和夏娃是沒有犯罪，卻不是在道德上完美。他們可能並真的犯了罪，而在復活中的人類將會得以在他們的良善中 (正如上帝一樣) 不能犯罪。[35]在墮落之前的亞當和夏娃是會死的：他們是有可能會死的，而且在被逐出伊甸園之後，他們真的死了。不死是一個未實現的夢想。在新的創造中，死亡將會被廢止，而所有生命，因著它親近上帝的德行，所有生命的神聖源頭，將會永遠活下來，超越死亡。在聖經的形象中，新耶路撒冷的居民將會飲用從上帝和基督的寶座湧流出來的生命水，而一切國民將會食用不斷來自河岸生命樹的果子

(啟二十二1～2；比較二7，二十一6，二十二17)。

這種在「原始之時」與「末後之時」之間的相似之處，並沒有抵觸我們對人類的進化起源和前歷史的知識。它在人類的開始中所找到的不是完美，而是完美的應許，那夢想是在歷史中的人類所永遠不能忘記的。實現將會更多是在每一方面的，而沒有任何一面是少過夢想的。與神學的原則相符，上帝永遠是大過我們可以想像的，那是終末論的原則，是上帝所賜的實現，總是比我們可以想像的更好。

由於在伊甸園的人是活在野生自然與城市的兩極之間。伊甸園在世界的心目中被構想為自然，而城市在世界的心目中被構想為人類文化。在古代的世界中，理想的城市是在世界中心的聖城，它本身是集中於眾神在他們神廟中的即時臨在，往往被理解為上帝的山，像伊甸園一樣；在那裏上帝與人類相遇。在自然中心，從上帝賜予生命的臨在中被趕走，人類再次尋找上帝的臨在，在城市的中心尋找祝福和鼓舞人類的文化。因此，它不只是在啟示錄中描繪的終末性耶路撒冷，這個城市得到天堂的特徵。在舊約描述地上的耶路撒冷中，這已經是一個例子，運用了神祕的主題。錫安山在歷史上雖然只是頗高的山而已，但在神祕感知中，錫安山成為高聳在一切地上的宇宙高山(詩四十八1～2，四十六4)。在終末性的期待中，這等天堂式的特徵是被擴大了的(賽二2；結四十2，四十七1～12；亞十四8)。

不只耶路撒冷被它的古代居民視為世界的神聖中心。在美索不達米亞平原的城市上，人工造成的山——階梯式金字塔(ziggurats)——發揮著眾神在人間的家的功能。

創世記在巴別塔的故事中，預示了他們；巴別塔是由人所造的人為宇宙性高山，試圖直衝高天，與上帝競爭（創十一1～9）。顯然在聖經中，這城市有一個伊甸從未有過的模稜兩可。在城市的中心之所是，並非上帝的臨在，而是偶像崇拜和人類把自我奉為神明。畢竟，當該隱被逐離上帝之時，他建立了第一個城市（創四16～17）。在啟示錄中，我們所遇到的不只是新耶路撒冷，卻也是它所取代的城市：巴比倫，當代的巴別，在此，能力和利益，軍國主義和成長，是其守護神。

假如這城市在聖經故事中是有一個含糊不清的特徵，那麼在伊甸園之後的荒野自然也是一樣。人類必須在土地上汗流浹背才得以糊口（創三17～19）。真正的荒野自然（沒有受過人類的耕耘和馴服的），在聖經中往往與人類利益敵對，那是一個對人類生命和文化的威脅。[36]從這個觀點——足以讓以色列農民理解生命的真實性——城市在此沒有那麼明顯是野生自然的一個威脅。然而，正如艾森伯格（Evan Eisenberg）指出的，因為巴別塔已經到達天上，它的根基已經覆蓋全地[37]——一個恰當的象徵方式，表達城市經濟逐漸抑制鄉間以及被蹂躪的野性自然，達到城市——主宰了我們自己時代的全球經濟。獸的敬拜者，巴比倫的消費者，是「敗壞世界之人」（啟十一18）。

城市與自然的衝突（那是起初可以被視為是嘗試建立一個人類的世界，保衛不受野生自然的威脅）已經臨到我們自己的日子，以致城市威脅要把自然縮小，使之變成荒野。伊甸園的失落（野性自然生命的來源），在伊甸園的城市文化毀壞中返回原位。由於城市的文化中心，不能沒有生命的自然資源而存活，故此城市對自然的破壞，是一種自我毀滅。惟有我們活在城市與野性自然的兩極之間，人類才能夠生存下去，抗拒由一方主宰另一方。在最後的分析之中，我們只要在兩者的中心找到上帝，我們就可以這樣做，不用被迫侵佔創造者的角色，以及不必陷於把自然奉若神明的試探。不論人類文化或自然，都不是神聖的；只要我們在他們中間尋找上帝，兩者才可以成聖。

位於瑞典哥得蘭島(Gotland)之城鎮維斯比(Visby)的大教堂中，一幅現代的彩色玻璃窗，[38]把維斯比的小城描繪成新耶路撒冷。維斯比可以辨認的特徵，混合了對啟示錄二十一至二十二章的生動暗示。在那裏有十二個門，生命河流經城市的中心，燃亮著源自三一上帝投放於其中的亮光。真正的維斯比在波羅的海地區邊界，在圖像中的城市是環繞著水晶的天海，混合著火燄。這幅圖像是有悠久的傳統。許多十六世紀的新教聖經，都有一幅啟示錄二十一章的插畫，在其中藝術家霍爾拜因(Hans Holbein)把新耶路撒冷描繪成琉森(Lucerne)，雖然在這情況中把這個瑞士城市相符於啟示錄的經文，僅是藉著把天使配置於眾城門。在維斯比的窗戶中，這城市是一個特別綠的城市。青翠的草木清楚見於它的城牆和建築。作為對活在上帝光照的城市的期望，並對自天上來的理想城市最緊密的符合，這窗戶是很有啟發性的。

然而，若是假設人類文化與野生自然的和諧，可以在城市中的自然景物或甚至是城市控制的範圍中做到，那就是錯誤的。樂園的城市，是值得嚮往的，然而，自然的中心不能移進城市中，而且不能在城市的支配中存活。在這個世界中，城市永遠不能與自然**相符**，正如新耶路撒冷所做的。這個理想的城市，有伊甸園的神秘特質，只可能是文化與荒野自然的復和象徵；各自的中心，只可能在重要的意義上成為一個中心，那就是上帝成為調和兩者的中心。不過，新耶路撒冷的形象，即是伊甸園，超越這個世界一樣，成為新創造的形象。既是城市，也是天堂，它使人類文化在伊甸園之後的一切美好，通過轉化而進入上帝的永恆國度。它是復原了的天堂，也是被救贖了的人類文化。

就其本身而論，它也必然是荒野自然與人類文化的終極復和。它必然是這處地方，在此不只是人類與上帝合一，以及人類與自然的合一，正如在伊甸園的情況一樣，也是人類文明與荒野自然調和的地方，那是從未出現過的情況。這一點的另一個聖經形象，是以賽亞書對在末日聖山上平安的異象(十一6～9，六十五25)，其重要性是因它描繪野生動物與人類一同回到了伊甸。這不只是(正如經常假設的)一幅與自然和平共存的圖畫。它是一幅平安的圖畫，涉及人類世界，被馴化的動物，以及古代以色列農民會覺得威脅他們的生活和生計的野生動物。這也不是要嚴格地回到伊甸園，那裏也沒有馴養了的動物。它是一個高山的異象(在終末性未來中已經得以一見)，在其中野生自然的出現，不會有來自我們的威脅，而我們將會找到我們的真正位置，至終是在上帝創造的整體中。

安息與婚宴

那是安息直到安息

在永恆中接續，

這喜樂並沒有結束
讓靈魂在假日中。

阿伯拉德(Peter Abelard)[39]

從這個泉源中
湧出歡欣之油的溪流，
讓上帝之城喜樂，
以及熱情有力的奔流，
那奔流，我說，是上帝的喜樂，
來自天上盛宴的客人
為歡樂的酩酊而乾杯
而且歌唱沒有停止
歡欣的詩歌。

波拿文土拉(Bonaventure)[40]

在安吉利科(Fra Angelico)的畫《最後的審判》(*The Last Judgement*，約1431年)中，某些在天堂中的蒙福者正在跳舞。[41]畫中的人物(天使與人類間隔著)攜手，顯然是在跳圓舞曲，雖然這個圈子，不是完整的。這幅圖畫，讓人想起中世紀宮廷舞蹈的整齊優雅。特別是結合其他正在擁抱或交談的人物，這場舞蹈，應該被視為分享喜樂的活動，以及分享的喜樂之表達。或許這個圈子不是完整的，因為它是開放和容納其他人的。某些其他人，被描繪為在敬慕中仰視上帝的寶座，那是由敬拜中的天使所環繞的。(他們的位置是相對於落入地獄的人，那是在恐懼中轉離上帝的目光。)在這個天堂的異象中，崇拜、團契和跳舞是蒙福者所做的事。

雖然跳舞不是聖經明確提到永生的形象，其他社交享樂的形象（跳舞在其中可以暗示在內）卻肯定是屬於聖經的，特別是盛宴（賽二十五6；太八11；路十四15）或婚宴（啟十九9）。耶穌在最後的晚餐中，提到世界要面對這個偉大的歡宴，而祂不再喝酒，直等到祂在神國裏喝新的酒（可十四25）。耶穌分享餐宴的習慣，不只是與祂的門徒，也與惡名昭彰的罪人（例如，參太十一19），這可以被理解為部分是祂再來的國度在祂的事奉中的實踐。那是在上帝的終末性宴會中，那些現今幾乎沒有吃飽的人，可以指望第一次吃得飽足，而那些現今經歷人生悲劇的人，將會完全享受歡宴（路六21；比較啟九16）。那裏不再有任何受苦、悲哀或期望的理由，因為上帝會擦乾所有人的一切眼淚（賽二十五8；啟七17，二十一4）。在上帝臨在於新的創造中，只餘下歡宴和慶祝的理由，以及任何為此而有的原因。

在這些慶祝活動的形象中，將要來的世界，是相對於這個世界的苦痛和悲傷。一個相同的形象，是對比將要來世界的「安息」與這世界的「勞苦」（來四1～11；啟十四13）。這兩個形象，並非不能共存，正如他們可能讓那些對在主日守安息（sabbatarian Sundays）有負面經驗或意念者一樣。在聖經的安息日中，禁止的是工作，而不是享樂。它的基本原因，不是為了人們應該休息以便工作，而是他們應該工作，以便享受安息日的祝福。

顯然，安息日是以上帝自己在六日創造之後安息為榜樣的（出二十11）。在完成祂的工作之後，上帝在它的享受中安息。希伯來書明白，這神聖的安息是終末性的，正如上帝最終會在新的創造中享受的安息。只有到了那時候，祂的創造（由祂從短暫和邪惡中拯救出來）才是完美的。上帝的這個終末性歇息，也是在等待著上帝子民的安息（來四1～11），他們會歇了他們凡人生命的勞苦，而且分享上帝在祂永恆中完成創造的喜樂。上帝會在他們裏面安息，而他們也在上帝裏面享受安息。正如魯益斯（C. S. Lewis）所說：「喜樂是天堂的要務。」[42]

醉心於工作的人可能不覺得這幅永恆安息的圖畫十分吸引，不過那些幸運地感到他們的工作充滿樂趣的人應該記得，我們是在面對著形象的。終末性的安息是來自使人精疲力竭的勞苦，那是許多人在這一生中活著所需要的。我們不必驅走我們對世界的形象，像在創造力或反思或服事他人中得到的喜樂，那是工作在最佳之下所提供的。相反地，我們應該想到他們就像是跳舞、彈奏、笑聲、各自款待，那是暗示在永恆安息宴席的形象中。

我們也應該記得，在聖經和基督教的傳統中，正如在大部分文化中，慶典和崇拜的密切關係，遠多於他們在今天西方社會中的情況。在以色列的曆法中，每年大多數的節慶是在聖殿中慶祝和吃喝。我們今天對「節日」（holidays）的用語，提醒我們那也是「聖日」（holy-days）。故此，我們不需要過分明確地區分節慶性歡慶活動的形象，以及以音樂、歌唱和舞蹈來敬拜上帝的形象，那也是屬於終末性盼望的文學和圖像。上帝在受造物表達讚美和榮耀的享受中，將會成為慶祝聚會的主音，那是上帝為我們歸家而設的。正如奧古斯丁所說的：「我們的一切活動將會是『阿們』和『哈利路亞』。」[43]

還有一個意義，在於蒙福者在要來世界將會「做」的最普遍（聖經的和傳統的）形象，就是享受優美和玩樂的形象。這些活動的價值和意義全然在於他們本身，而不是在於他們有助一個未來的目標或意圖的成就。與他們一致的是，基督教傳統，經常想到永生是最後的成就和實現。它是我們此生的目標所在；在要來的生命中達到它將會可以成就的。如今在朝向完美的路上，我們將會得到完美。如今在朝向我們目標的行動中，我們將會來到安息。上帝的異象這主題(我們將會在本章最後一段中思想)，經常被理解為是指在永恆的深思中，我們將會反映上帝本身的不變完美。

這個觀點在傳統中，不是總被視為無法和諧共存於任何永恆狀態中的活動或進展，[44]不過，它特別在現今的時期中，不滿永生的「靜態」形象作為達成的完美。[45]這必然是反映了在西方的現代精神特質。現代人不想安息，享受他們勞苦的果子，因為那是要實現的掙扎，以及進一步前進的異象能真正給予快樂。現代人不想(正如奧古斯丁修會的人性觀)為他們焦躁不安的心靈在上帝裏尋找安息；他們總是想有新的世界，讓他們焦躁不安的心靈得以征服。假如有「天堂」，它就不應是道路的終點(厭煩人類的回家)，而是頗為似是克服山嶺的峭壁頂端，尋找在我們面前尚未探測的國度的廣大遠景。相稱的格言是：「滿懷希望地旅行，比到達目的地更好。」

這句格言可能是誤導的。當此生的許多成就和才幹，最終證明他們本身無法令人滿足時，這可能正是因為他們是屬於今生的。更切題的可能是，我們期望它不是這樣子的。在達成期望中，我們有時所經歷的失望，顯示了對於一個終極滿足目標的渴望。基督教終末論堅持，上帝本身是我們被創造的目標，而且(一旦到達)將會證明是無盡的滿足。假如上帝真的是上帝，那麼找到上帝比永遠在尋找上帝更好。

而且，假如上帝真的是上帝，那就必然是隨著所有邪惡得以根除，達到道德完美的世界。假如我們在一切試探及道德掙扎的結束時，沒有預定道德完美和滿足，那麼我們就應該認為，邪惡是內在於我們受造的自然界，也是上帝的創造中一個根深蒂固的特徵。基督教的期望，更多是在新創造中一切創造將會無疑美好，正如上帝一樣，不再受邪惡的威脅，不再道德不穩無根，正如它在這個世界中。我們在上帝生命中的參與，將會保證這一點。

在這些重要的層面中，「終末」意味著最終和完全滿足地到達永恆的家鄉，那是我們永遠被命定的。故此，這是一個原因，為何需要超越我們現今的經驗，其方式難以描述。不過，我們可以想像那不是由壞至好的活動，因而可以兼容於我們期望的終末成就的方式。在此，音樂和舞蹈的美學形象，可以特別有幫助。運動和延續的經驗是我們享受這等活動所不可少的，不過這運動不是從壞到好的歷程，甚至不是從好至更好的歷程。這等活動可以被視為是有他們自己的時間，從日常時間撥出來，在其中我們設想一個我們活動所朝向的未來。就像遊戲一樣，當足夠吸收時，他們的基本原理全然是在其自己及他們本身的時間。

我們也可以回想起愛的神秘時機，或美的凝想，或上帝的敬拜，雖然不是實際上在時間之外，卻看似永恆及那麼全然滿足，叫我們期望他們永遠下去的樣子。這樣的經驗，讓我們可以瞥見經驗的可能性，並非不受時間影響，而是一類時間，相稱於成就的樂趣。在永恆中，我們不再有目標對著我們，衡量我們在時間中的進度。在以討上帝喜悦和享受上帝為惟一目的之敬拜中，我們將會在上帝的優美和愛中失去我們自己，而且永遠享受在上帝裏找到我們自己的驚喜。[46]

上帝的國度

這國度不能被縮減為人類對未來的任何期望，多過是它可以被縮減為人類的現存經驗。在耶穌的教導中，國度在時間中猶豫，它的呈現既是現今的也是將來的，顯明了它的卓越特徵。

切爾頓 (Bruce Chilton)[47]

假如國度來臨，不論它會是太像它本身以致可以接受，或是它成為太可以接受，以致可以保持像它自己。國度已經「來臨」，正如一個新的出埃及，在其中提供對另一國度的鄉愁。

德羅什 (Henri Desroches)[48]

上帝國度的形象，由於兩個理由而特別有意義。其一在於它是終末性的形象，為耶穌在符類福音書中大多使用者。雖然在新約的其他地方並非不重要，「上帝的國度」一語（以及「天國」，而「天」是「上帝」的迂迴說法）卻是耶穌用法的特色。這個形象特別有意義的第二個理由，是（比其他十個形象的任何一個更多）它提出了終末性未來與現今之間之關係的問題。我們可以用其他方式去探討那問題：例如，通過約翰福音所用的永生形象（那裏它接管了上帝的國度在符類福音所扮演的角色），或藉著聖靈的工作，可以明白的，尤其在保羅神學中，作為終末性拯救的第一次付款，而它的完滿仍有待來臨。然而，上帝的國度可能是在新約中最能理解的形象，既指到宇宙性的終末性未來，也指到那未來的真實期盼，在聖經的故事中，從耶穌的事奉開始。

(值得指出的是，我們在本章中所討論的其他形象，其中大部分〔即使非常少見〕出現在符類福音的耶穌教導中，在那裏他們大多是假設為眾所周知的形象，可作參考而無需解釋。不難見到，在耶穌的教導中，上帝的國度是一個形象，暗示或包括祂所提到的其他一切終末性形象。)

當然，上帝的國度是一個政治性的形象。[49] 它是上帝與祂一切創造物之關係的政治性形象，不僅提到祂的子民或人類作為一個整體，更是指到自然的世界。(把它從千禧年較為有限的形象中區分出來的——千禧年正如我們所見的，不只是一個政治性的形象，喚起基督及其地上子民的勝利及統治——在於上帝的國度是一個完全廣泛的形象，顯示上帝永恆地淩駕一切事物的無限主權的成就。)

尤其在福音書中，上帝的國度，主要是上帝統治活動的一個動態用語，雖然在某些辭句中，例如「進入國度中」，意味著某些不只是上帝統治的範圍。對耶穌來說，上帝的統治不僅暗示上帝坐在高天宇宙的寶座上，更是祂主動工作於世界中，實踐祂的統治。國度的來臨，不論是現今或最終，必然是上帝戰勝一切違背祂的意志者：邪惡、受苦、死亡、混亂和無價值。顯然地，這國度是**上帝的**統治。它涉及並需要人類的活動——那是可以承認和回應它，為它禱告和經驗它，按照它而活——但它是來自上帝的。那是上帝親自在救贖和完善祂的創造物。

那是廣泛地承認，耶穌在福音書中談到上帝的國度，既是指決定性和即將發生的未來真實，而且在某程度上已經實現在耶穌自己的事奉中。耶穌(作為一個代表要來的上帝的權威而發言和行動者)扮演上帝的統治，在祂的神聖力量的工作中，戰勝邪惡、疾病和死亡，並且在祂的神聖恩典的行為中，原諒罪惡，並且迎接被拋棄者進到上帝的臨在。這國度來臨最清楚的說法，與耶穌趕鬼有關：「我若靠著神的能力趕鬼，這就是上帝的國臨到你們了」(路十一20)，而其要點是藉著上帝在行動中的掌管權能，戰勝撒但的統治(十一18)。趕鬼是上帝統治成就的例子。那麼，所謂自然的神蹟，例如平靜風浪，在其中耶穌以明確的神能呼喚大海，以及平靜破壞性的力量，因為創造被威脅，驅使上帝的創造回到混亂的狀態。此外，可以見到，作為上帝統治來臨的例子，是耶穌與被遺棄者和罪人共膳，在其中耶穌已經與那些接受邀請的人，分享了彌賽亞的筵席。

應該一提的是，耶穌這一切活動不只是證明國度的來臨，更是要說明這國度是怎個樣子，它要在世界中造成甚麼分別，正如祂在國度的比喻中所做的一樣。因著耶穌引起注意的活動和具吸引力的故事——每一個都是一個國度的形象——祂把人的想像力吸引到這國度難以理解的實況，正如它衝擊著現今，卻永遠不能被理解一般。

國度的臨在，從來不會削弱對它在未來的來臨的期待。那些留意它存在的人，正是迫切祈求它臨在的人。

那些經歷它的人，正是調校他們的生活朝向未來的人。耶穌對它臨在的設定，正好吸引注目於它在宇宙性和不能免除之完滿中來到的即將發生之實況。它的臨在，此地和那地，此時和那時，在耶穌偶爾的行動和相遇中，只可以被理解為黎明拂曉的第一道光線，或是農夫必須等待種子神秘地長成為穀物。

耶穌對生長的比喻(秘密成長的種子、芥菜種、酵)[50]不應以現代進步主義者的意識來誤解，把它視之為描述一個國度的增長，從細小直至宇宙般大小。他們的焦點是對比出細小不起眼的國度實況，以及它的終末普遍性。那弔詭性並非由一個現代的生物發展理解所解釋(歷史擴展是一個可以瞭解的歷程)，而是把奧秘留在上帝的手中，正如耶穌時代巴勒斯坦農夫見到從種子到樹木的成長一樣。期盼的概念在這個關聯中，將會比進步的概念更能幫助我們。那不是說上帝的統治，在末期比在早期更明顯，那也不是國度的臨在被評價它繼續前進的可能性。現代主義者的偏見認為，良善之所以值得擁有或達成，只是因為它屬於一個逐漸進步的過程，這必須從我們對上帝的國度的思想中驅離。

耶穌的信息和行動證明和說明了國度，好讓它在權力完全彰顯之前，人們可以對它回應，並且開始在上帝的統治下生活。對於這樣的人，以耶穌的說法，將來的國度是「屬於」他們的(例如太五3、10；可十14)。耶穌所教導的國度倫理，是上帝的統治對那些承認它的人的徹底要求，也是徹底恩典的必然結果，藉此上帝的國度臨到罪人，作為自由地饒恕的愛。耶穌在國度的教導中，結合了徹底恩典和徹底要求的強度，直接涉及那國度的終末特性。正如上文所說，那是上帝即將來臨的統治對耶穌聽眾的直接衝擊。

在這點關聯中，另一個惹人注目之處是這國度的衝擊方式，對耶穌來說，是在於日常生活的需要和要求——實際知道痲瘋患者或傷健乞丐的特別需要，務實地愛自己的鄰舍或敵人，日用飲食的普遍需要，以及經常饒恕——正如耶穌對國度的比喻描述，很多時關乎祂的聽眾的日常經驗。例如，當耶穌運用某些終末性未來的日常形象，並且非常嚴厲對待最後審判及它的結果，祂大多避免仔細討論末日或新創造。祂的關注是將來的國度在現今的衝擊。這是相當普通的，不過，正如在耶穌的比喻中，尋常事物往往會變得極不尋常一樣，耶穌對人類生活在國度的亮光中之預期，會從期望普通變成特別。國度的臨在，大部分是偶爾的、小規模的、日常性的，不過它對日常生活卻造成極大改變。對於那些有眼可見的人(不過只是對他們來說)，一切實存在即將來到的改變中(它被救贖從邪惡進入上帝的臨在中)，已經正在工作。

對於許多當代讀者來說，上帝國度的形象是有疑難的。統治或君權，暗示了他律(heteronomy；編按：相對於自主〔autonomy〕而言)、階級、壓迫。上帝作為君王，暗示了神聖的專制君主，否定了人類的自由，或是遙遠的君王，處理我們卻毫無牽連。耶穌所喜愛的終末性形象，可以喚起這樣負面的回應，無疑正是當代人運用耶穌的終末性教導的一個難題。不過，仔細查考上帝的國度的形象運用在耶穌涉及其他形象之教導的方式中，將會對解決這問題有極大幫助。

值得注意的是，鑑於耶穌在符類福音不斷使用「上帝的國度」一語，卻沒有地方祂是意謂著稱上帝為「王」，[51] 或使上帝成為動詞「統治」的主詞。這種明顯一致的用法，使符類福音有別於所有尚存的猶太文學。在這些作品中，「上帝的國度」一語相當罕見，而指到上帝為「王」則多少有些普遍。耶穌似乎別具一格而有一個（「上帝的國度」）與猶太人不同的用法，而且謹慎地避免了它的一般性關聯（稱上帝為「君王」）。我們也應該注意，拉比的比喻，經常用一個君王的形象來代表上帝，而耶穌的比喻卻很少這樣做（只有在太十八23～34，二十二1～13；比較路十九12）。

如何解釋這個語言學上的做法？它似乎表示耶穌盡力避免暗示上帝是按照地上君王統治的方式來統治的。耶穌的許多教導，似乎正是為了顯出上帝的統治如何有別於地上的統治。在類似全球化帝國的時代中（那是宣稱擁有神聖的權威），提到上帝的統治，已經對猶太人成為一種強而有力的方式，確認以色列的上帝的終極統治，以及期待祂的公義統治必然會代替異教帝國的專制統治。耶穌運用「上帝的國度」一語，把祂的教導聯擊於這個猶太式的討論，在其中問題是普世性的統治。不過，藉著避免把上帝的具體形象視為君王，並且採納了其他的形象（特別是父親），耶穌更多注目於描述上帝的統治是相當不同於地上的統治者。問題不只是上帝的統治應該取代異教帝國的統治，也不只是上帝的公正規定應該取代異教帝國的壓制性帝國。比祂的猶太前任者更徹底的是，耶穌想要描繪上帝的統治是地上統治的另一個選擇，那是相當有別於所有地上的統治的。

君權的形象——雖然舊約的君王理想，是為受壓制者確保公義——是難以挽救剝削性支配的意思（比較可十42）。在眾多比喻中，耶穌推翻了君王、主人和雇主的期望，藉著他們出人意外的行動扭轉了故事（例如太十八23～27，二十1～15；路十二37）。在比喻之外，耶穌避免把上帝稱為「王」和擁有特權，反而是用另一個猶太人常用的描述：「父」。當然，在此的要點並非地上的父親不會專制暴虐，而是耶穌的聽眾可以較易把慷慨、憐憫和實際關懷，歸給一個父親對待他的子女（例如路十一11～13），多過是一個君王對待他的臣僕。在不能饒恕的僕人之比喻中，君王的行事並不是任何人期望一個君王會作出的，而在浪子比喻中的父親之行為，作為父親是可以諒解的（雖然不一定預期他會這樣做），但在君王而言，這卻不可思議。那麼，要點是我們不能單從這詞彙認識耶穌在此用「上帝的國度」這個用語的意思，而只有注目於耶穌描述上帝統治有別於地上統治的相當不同方式。

這樣的對比，沒有一處像在耶穌描述社會關係類別的說明中般清晰的，那是由上帝的統治所構成，淩駕在門徒的羣體之上。在一連串相當抗拒當前的社會結構和關係中，耶穌描繪一個社會，在其中沒有人宣稱其身分和地位是他的世界所賦予的。這方面三個最重要的例子，是奴隸、孩子和窮人。

與外邦人的壓迫性政權有一個直接的對照，這是猶太人的老生常談，差不多不用說明，耶穌卻有一個前所未有的結論，指出一個不同的方式，為上帝國度的社會所應構成的：「你們知道，外邦人有尊為君王的，治理他們，有大臣操權管束他們。只是在你們中間，不是這樣。你們中間，誰願為大，就必作你們的用人；在你們中間，誰願為首，就必做眾人的僕人。」(可十42下～44；比較路二十二25～26；太二十三11) 這個主題的回響，見於福音書的幾段經文，然而最重要的場合，是在約翰福音十三章，在此是一個個人範例，祂接納了奴隸的角色，那是耶穌參照馬可福音十章45節和路加福音二十二章56節，由洗腳所實踐出來的。洗腳是一個奴僕經常的、每日的責任，比任何其他責任，更明確和獨特地顯示奴僕的角色。按道理，對任何一個自由人，這都會被視為難以想像地降低他們的尊嚴。耶穌命令門徒彼此洗腳（十三14），這不只是謙卑的一個象徵，而是一個實際的有形例子，也是最生動的可能性，顯示出門徒應該如何相待。他們洗腳的日常需要，是為了別人而做的。假如這不是降低他們的尊嚴，那麼就沒有甚麼東西是了。

故此，耶穌廢除了社會的地位，不是藉著把主人的地位賜給所有門徒（那麼總會有在社羣之外的其他人高抬他們），而是把所有人貶抑至最低下的社會地位：奴隸。在一個奴隸的社會，沒有人會想到他或她自己是比別人更重要的。

同樣相當獨特的是，耶穌運用孩子去證明上帝的統治需要甚麼（太十八1～4；可十13～16）。一個人必須成為小孩才能進入天國的理由，不是由於要像小孩般的信靠或甚至因為謙卑，在某程度上這只是一個謙卑態度所必須的，而是因為小孩沒有社會地位。他們與門徒都要像他們一樣是「小子」（太十八6），意思是在社會中沒有任何能力和重要性。

天國是屬於這樣的小孩（可十14），這說法可以協助我們明白它是屬於貧窮者的類似說法（太五3；路六20）。這些窮人不是可以養活自己（儘管多一點）和有生命的合理保障的一般人。他們是完全貧乏的，依靠著臨時勞工或施捨的僥倖。他們包括耶穌經常醫治的傷健乞丐，以及貧窮寡婦，她把僅有的少量金錢，放進聖殿的奉獻箱中。正如國度是屬於沒有社會地位的小孩子一樣，它也是處於社會和經濟最底層的窮人。正如克羅桑（Dominic Crossan）所說的，這國度是一個「無足輕重者的國度」[52]——孩子和貧困者。假如國度是屬於他們的，其他人若要進入它，就只有藉著接納同樣沒有地位的狀況。

耶穌在上帝的統治下重建社會，藉著使無足輕重者和被遺棄者成為別人要遵從的範例。故此，富人難以進入這國度，縱然實際上並非沒有可能（可十24～25）。那些可以有能力為晚餐付費的人，他們所得的教誨，是不應邀請他們的親友，而是窮人、傷健的、瘸腿的和瞎眼的（路十四13），需要某些較為極端而不只是寬宏的仁慈。它是意指把窮乏者當成一個在社會地位上均等的人。在這些用語中（不過只有這些用語），耶穌沒有把國度侷限在窮乏人之間，多過祂把其侷限在兒童之間。祂非常認真地把特權給予窮人和孩子，為的是剝奪其他一切人的特權。

隨著耶穌的教導與實踐的這些層面，我們盡量得悉上帝對人類君王和統治精英的管治允許的含意。不過，國度的這等異象，也清楚有別於大多數今天西方社會中盛行的財閥政治和精英領導。今天，正如以往一樣，那是在耶穌的跟隨者中間（他們以祂的禱告來祈求上帝普世統治來臨），即那國度的生命必然首先在日常生活中成為榜樣，只要它是有任何更廣泛的影響。

上帝的異象

見到你是末後和起初，
你帶著我們，你也領著我們前行，
你是旅途，也是旅途的終點。

波伊丟斯 (Boethius)[53]

〔上帝〕將會是我們一切渴望的目標；而且我們將會永恆地見到祂；我們將會愛祂並不過多；我們將會讚美祂並不疲倦。

希坡的奧古斯丁[54]

在許多基督教傳統中，人類完美目標與實現的形象是在於上帝的異象(或說榮福直觀〔beatific vision；編按：意為得見上帝〕)。那是基督教終末盼望以神為中心的形象。人類的被造，是要在上帝的異象中找出我們永恆的實現和喜樂。受造物本身並沒有完美或盡善，而且受造物人類將會找到他們愛的能力，美善的知識和樂事，完全只是滿足於與上帝的關係中。

在它的聖經用法中，上帝異象的概念，預設了上帝從必死之人來看是難以接近的(約一18；提前六16)，而且上帝的神聖聖潔使無人得見上帝而仍可活(如士十三22)。在聖經不受約束的擬人觀中，人渴望見到上帝的面，因為在注目於某人的面目中，才得見他們的實況。(聖經作者較為自然地認為面目是顯示了一個人，多過認為面目是一個偽裝，一個人在背後隱藏了真我。)在舊約中，沒有任何人比摩西更親密地認識上帝，他也只是被容許見到上帝的背面，以致他不能看見，那是瞬間一瞥神聖的榮耀，而不是上帝聖面的異象(出三十三20)。上帝真正是誰，在於他所聽到的(出三十四6～7)而不是他能見到的。在這層意義中，那不能見到的上帝，可以在道成肉身中得見(約一18)。在耶穌作為人的生命中——在耶穌基督的面中(林後四6)——是可以見到上帝的真正身分。然而，即使是這個在基督裏對上帝的認識，保羅也認為不是直接的，在此生中模糊不清的：「我們如今彷彿對著鏡子觀看，模糊不清；到那時就要面對面了」(林前十三12)。

至於聖經對上帝的終末性異象的盼望(太五8；啟二十二3～4)，可能有兩類背景。其中一類是在聖殿中見到上帝的概念(詩十七15，二十四6，二十七4，八十四7)。在至聖所不能接近的黑暗中，那裏有上帝的臨在，沒有任何可見的東西作為代表，而只有基路伯上的空座位，耶和華對凡人的眼睛之不可見，是有力地象徵出來的，相比之下，異教神明在他們的聖殿中有視覺上讓人印象深刻的形象。然而，以色列對聖殿的朝聖者，期待在某程度上「見到」上帝在聖殿禮節中的榮美和奧秘。不過，以色列期望這盼望在屬天或屬末世的聖殿中的一個較為適當的實現，在此，上帝是在即時的異象中呈現給祂的敬拜者，那是凡人所不能有的。這位上帝沒有擁有屬地的形象，正如祂自己可見的。按教會傳統，詩篇可以用這種終末性的意識來閱讀的(參詩二十四4～6和太五8)。

由於天上的聖殿也是上帝君王的寶座居所，這個對於上帝異象的禮拜儀式背景，就欣然匯聚於一個政治性的形象。在東方的法庭中，君王通常是難以見到的，但他的親密隨從，是有特權去見到他的親身臨在。同樣，在新耶路撒冷，那裏沒有聖殿，因為上帝及基督是臨在成為它的聖殿，而祂的僕人將會在祂的寶座前敬拜祂，見到祂的面(啟二十二2～3)。故此，聖經對見到上帝的形象，結合了體會上帝即時臨在的意識，以及在祂的真正身分中認識上帝。這個「面對面」的認識，認識上帝正如我們被祂所認識(林前十三12)，不是純粹知性的事情，而是整個人涉及在與能夠創造人類的上帝的最完滿關係之中。

在古代世界的柏拉圖哲學中，也渴求上帝的異象。它在教父及中世紀時期對基督教靈修學和神學有所影響，提升了一種對異象較為純粹理智主義和個人主義的理解，作為永恆存有的智性沉思，在獨自的神祕出神狀態中，在此生中期盼。張力出現在這個終末性目標作為天性的獨處(與獨自者獨處)，與基督教盼望較為社會性及公共性的層面之間，也見於脫離現實的人類理性併入在上帝的知識的這個目標中，以及與較為整全的人類命運的理解之間，後者是身體復活所暗示的。在基督徒死前的生命中，它鼓勵了希臘人在沉思與行動之間的區分，正如在柏拉圖中，就像是一個進退兩難的情況。在沉思生命中，上帝異象的追求需要抽離社會，似乎有在實際生活中實踐和睦之愛的壓力。

因此，上帝異象的形象，提出了兩極的問題，見於基督教的永生觀點，處於以神為中心和以人為中心之間。大部分人類的命運，可以被構想為個人的實現被拒於上帝之外，也可以作為人類關係和社會之屬天完美嗎？上帝的異象是必須無法抵抗地滿足，而任何受造物的享樂都是在永恆中微不足道的事嗎？[55]或在上帝的異象中是一個非人性的目標，那是不願與人來往的隱士和高人的抱負嗎？那些在以神為中心和以人為中心的永恆盼望之間難免見到有張力的人，承認任何基督徒對永生的描述甚少完全排斥其中一方，但是發現在一極與另一極之間，有不穩定的平衡和不停的搖擺。[56]從歷史的角度看，這經常是實情，不過有此需要嗎？

問題在於，假定了注重上帝是不用注重受造物，反之亦然。雖然這往往是此生的情況，它卻是此生的瑕疵，是我們可以預期在永恆中勝過的。上帝不只是沿著和對抗那受造物的另一個實存。上帝是包括一切的實存，在一個有意義的意識中——不只是在認為凡事都是上帝的泛神論意識中，然而在有神論的意識中，即所有事物都是上帝的受造物，並且擁有他們的真理和價值，嚴格地在於他們與上帝的關係中。受造物不能真正和完全被認識與尊重，除非是作為上帝的受造物。上帝本身被認識和愛，是在祂的人類與其他受造物的真正知識和愛中的。為此，它是需要上帝也被認識和被祂自己所愛，除了受造物之外，基督教靈修學的路徑因此經常包括把一個人割離受造物本身的排他之愛的規律中。然而，目標卻不是對受造物的拒絕，而是學習「在上帝裏」愛受造物，即是按它的本相，作為上帝的創造。那麼，受造物之在上帝裏被認識和愛，而在同一時間，在沒有矛盾或壓力之下，上帝在祂的受造物中被認識和愛。

奧古斯丁在《上帝之城》最後一章前的一章，提出了經常受到忽視的線索，認識上帝之永恆異象，是包容一切，而不是排他地認識和愛受造之物的。在這個世界中，有可能忽略受造物與上帝之間的關係。諸天述説上帝的榮耀，而人的生命是反映了上帝的恩典，不過只有那些有耳者能聽，有眼者能看。受造物可以被知曉，不用涉及上帝。不過在新的創造中，受造物在他們被救贖的完整中，將會全都反映出上帝，正是在他們本身的真正實存中。上帝可以在鄰舍和非人類的受造物中得見，儘管不是在同一的方式，正如祂將會在祂自己裏面見到的。永生將會以神為中心，因為受造物的實存，是以神為中心的，而且將會是明確和快樂的。

在現代中，終末性盼望最動人的形式，無疑是完美的人類社會，而較近期是在生態學上期望人類社會與自然復和，增強了那盼望。藉著比較，上帝的永恆旨意的盼望，是有別於現代性和後現代性的。然而，人類社會及其與自然的關係的醫治，正是需要這種對上帝與別不同的需求的重建。人類若是沒有上帝，就不可能真的是人類。人類若沒有認識自己與其他受造物都是上帝的受造物，就不能正確地與其餘的受造物建立關係。沒有上帝成為人類生命的一切目標，例如所有一切都是在上帝裏的愛，也是上帝愛其他一切，人類的愛與熱望，都會誤用成為偶像敬拜。上帝是所有事情的終極目標，不能把之縮小變成人類的、受造物的和自然的，而且完全相反的：上帝獨自把他們現今和永恆的真實賜給他們。

註釋

1 H. de Lubac, *The Discovery of God* (tr. A. Dru; Edinburgh: T. & T. Clark, 1996), 193.

2 C. Zaleski, *The Life of the World to Come: Near-Death Experience and Christian Hope* (New York/Oxford: Oxford University Press, 1996), 47.

3 U. Simon, *The End is Not Yet* (London: Nisbet, 1964), 160.

4 一個值得注意的例外是 U. Simon, *The End is Not Yet*, chapter 13。

5 H. Urs von Balthasar, *The Glory of the Lord*, vol. 3 (tr. A. Louth, J. Saward, M. Simon, R. Williams; Edinburgh: T. & T. Clark, 1986), 296。在本書中，巴爾塔薩談到在俄羅斯神哲學家索洛維耶夫(Vladimir Soloviev)的作品中敵基督的角色。

6 摘引自 'Antichrist,' in E. Muir, *Collected Poems* (London: Faber 1984), 226。

7 帖撒羅尼迦後書的作者問題備受爭議，不過這不是我們在此討論的重點。

8 關於這方面與實存相應之處，讀者可以參考 R. Bauckham, *The Climax of Prophecy: Studies on the Book of Revelation* (Edinburgh: T. & T. Clark, 1993), chapter 10～11。

9 惟一嘗試縱覽整個歷史的著作是 B. McGinn, *Anitchrist: Two Thousand Years of the Human Fascination with Evil* (San Francisco: HarperCollins, 1994)；另參 W. Bousset, *The Antichrist Legend* (tr. A. H. Keane; London: Hutchinson, 1896); G. C. Jenks, *The Origin and Development of the Antichrist Myth* (BZNW 59; London/New York: de Gruyter, 1991); R. K. Emmerson, *Antichrist in the Middle Ages* (Manchester: Manchester University Press, 1981); R. Muir Wright, *Art and Antichrist in Mediaeval Europe* (Manchester: Manchester University Press, 1995); R. Bauckham, *Tudor Apocalypse* (Appleford: Sutton Courtenay Press, 1979); C. Hill, *Antichrist in Seventeenth Century England* (Oxford: London University Press, 1971)。

10 參 M. Slouka, *War of the Worlds: Cyberspace and the High-Tech Assault on Reality* (New York: BasicBooks, 1995)。

11 Moltmann, *Theology of Hope*, 17.

12 摘引自普世基督教協會(World Council of Churches)，載於 E. Stackhouse, *The End of the World?: A New Look at an Old Belief* (New York/Mahwah: Paulist Press, 1997), vii。

13 關於在敘述性基督論中主再來的地位的完整討論，參 R. Bauckham, 'The Future of Jesus Christ (Finlayson Memorial Lecture 1998),' *Scottish Bulletin of Evangelical Theology* 16 (1998): 97～110。

14 同樣見於 J. D. G. Dunn, 'He Will Come Again,' *Interpretation* 51 (1997): 42～56。

15 J. Harward ed., *John Donne: A Selection of his Poetry* (Harmondsworth: Penguin, 1950), 170.

16 取材自 'That Nature is a Heraclitean Fire and of the Comfort of the Resurrection,' in W. H. Gardner ed., *Poems and Prose of Gerard Manley Hopkins* (Harmondsworth: Penguin, 1953), 66。

17 例如 P. Badham, *Christian beliefs about Life after Death* (London: Macmillan, 1976)。我們可以補充，它也不是建基於某類證據說明從死中復生是被某些人理解的「瀕死經驗」；比較 P. and L. Badham, *Immortality or*

Extinction? (London: Macmillan, 1982)。

18 註釋者對這一點有廣泛的認同；例如參 M. J. Harris, *Raised Immortal: Resurrection and Immortality in the New Testament* (London: Marshall, Morgan & Scott, 1983), 119～121；B. Witherington, *Conflict and Community in Corinth: A Socio-Rhetorical Commentary on 1 and 2 Corinthians* (Grand Rapids: Eerdmans/Carlisle: Paternoster, 1995), 308～309。

19 K. Barth, *Church Dogmatics* III/2 (Edinburgh: T. &T. Clark, 1960), 624; W. Pannenberg, *The Apostles' Creed in the Light of Today's Questions* (tr. M. Kohl; London: SCM Press, 1972), 174～175; idem, *Systematic Theology,* vol. 3 (tr. G. W. Bromiley; Grand Rapids: Eerdmans/Edinburgh: T. & T. Clark, 1998), 606～607; Moltmann, *The Coming of God*, 71, 84～85.

20 E. Brunner, *Eternal Hope* (tr. H. Knight; London: Lutterworth, 1954), 203.

21 *Hymns on Paradise* 9.1, in St Ephrem, *Hymns on Paradise* (tr. S. Brock; New York: St Vladimir's Seminary Press, 1990), 136.

22 Moltmann, *The Coming of God*, 202.

23 *Divine Institutes* 7.24, tr. in B. McGinn ed., *Apocalyptic Spirituality: Treatises and Letters of Lactantius, Adso of Montier-en-Der, Joachim of Fiore, the Franciscan Spirituals, Savonarola* (London: SPCK, 1979), 73.

24 關於解經辯論和不同的古典解釋立場，參（在眾多之中）R. G. Clouse, *The Meaning of the Millennium: Four Views* (Downers Grove: InterVarsity Press, 1977)；J. W. Mealy, *After the Thousand Years: Resurrection and judgment in Revelation 20* (JSNTSS 70; Sheffield: JSOT Press, 1992), chapters 2～3；S. J. Grentz, *The Millennial Maze* (Downers Grove: InterVarsity Press, 1992)。

25 關於千禧年主義在基督教傳統中的概覽，參 R. Bauckham, 'Millenarianism,' in P. B. Clarke and A. Linzey ed., *Dictionary of Ethics, Theology and Society* (London/New York: Routledge, 1996), 565～569。

26 在此我們重述了包衡的論證，參 R. Bauckham, *The Theology of the Book of Revelation* (Cambridge: Cambridge University Press, 1993), 106～108。關於千禧年在啟示錄二十章中的神學意義，現在也可以參 M. Gilbertson, *The Meaning of the Millennium* (Grove Biblical Series 5; Cambridge: Grove Books, 1997)。

27 關於一千年是代表了一段相當長的時期，參詩九十4。

28 關於這一段，進一步參 R. Bauckham, 'Approaching the Millennium,' in *Anvil* (1999)。

29 關於這一方面，參莫特曼對千禧年歷史的深刻見解，在其中「已實現之千禧年論」(realized millenarianism) 的必勝心態，必然總是反抗和鎮壓終末性的千禧年論：Moltmann, *The Coming of God*, Part III 和參 the discussion by R. Bauckham, 'The Millennium': chapter IV/1 in R. Bauckham ed., *God Will*

Be All in All: The Eschatology of Jürgen Moltmann, 123～147。

30 參 'Judgment,' in J. N. Wall, Jr. ed., *George Herbert: The Country Parson, the Temple* (NewYork/Mahwah: Paulist Press, 1981), 314～315。

31 例如 E. Hill, *Being Human: A Biblical Perspective* (London: G. Chapman, 1984), 269～270。

32 取材自 Jorge Luis Borges, 'Adam Cast Forth,' tr. A. Reid, in D. Curzon ed., *Modern Poems on the Bible: An Anthology* (Philadelphia/Jerusalem: Jewish Publication Society, 1994), 81.

33 Simon, *The End Is Not Yet*, 179。

34 或許印度泰姬陵是最炫耀的嘗試，建構一個園子，把天堂複製出來。

35 中世紀神學家區分了人性的三種狀態：在墮落之前：*posse non peccare*(能不犯罪)；在墮落之後：*non posse non peccare*(不能不犯罪)；而在復活之時：*non posse peccare*(不能犯罪)。

36 R. Bauckham, 'Jesus and the Wild Animals (Mark 1:13): A Christological Image for an Ecological Age,' in J. B. Green and M. Turner ed., *Jesus of Nazareth: Lord and Christ : Essays on the Historical Jesus and New Testament Christology* (I. H. Marshall FS; Grand Rapids: Eerdmans, 1994), 9.

37 E. Eisenberg, *The Ecology of Eden* (London: Picador, 1998), 84.

38 By Pär Andersson, 1985.

39 譯自 Helen Waddell, *Mediaeval Latin Lyrics* (Harmondsworth: Penguin, 1952), 177。

40 *The Tree of Life* 47, tr. E. Cousins, in E. Cousins ed., *Bonaventure: The Soul's Journey into God; The Tree of Life; The Life of St. Francis* (London: SPCK, 1978), 171～172.

41 再現的版本見於 MacDannell and Lang, *Heaven*, 129, 131; 或 E. Morante ed., *L'opera completa dell' Angelico* (Milan: Rizzoli Editore, 1970), Plates 4～5。

42 讀者可參 C. S. Lewis, *Letters to Malcolm: Chiefly on Prayer* (London: Bles, 1964), 122.

43 *Serm.* 362.28.29，摘引自 B. E. Daley, *The Hope of the Early Church: A Handbook of Patristic Eschatology* (Cambridge: Cambridge University Press, 1991), 146。

44 參 Daley, *The Hope of the Early Church,* 88，論女撒的貴格利(Gregory of Nyssa)；而且，按照貴格利的看法，G. W. H. Lampe, *God as Spirit* (Oxford: Clarendon, 1977) 175：「不只是在完美中的前進，更是人類的完滿，不像不變的神性，實際上構成了前進。……真正的實現，人類創造的完成，在於無盡的前進，一個不斷的提升，在其中渴望的不斷滿足，引致更多對它的渴望，因為人是一個受造物，仍然永恆地超越了他的掌握範圍。」

45 特別參 C. McDannell and B. Lang, *Heaven: A History* (New Haven/London: Yale University Press, 1988), chapter 9。

46 A. N. Wilson（見於 D. Cohn-Sherbok and C. Lewis ed., *Beyond Death*〔Basingstoke/London: Macmillan, 1995〕, 197）正確地觀察到「在人生中最興奮莫名的時刻來到，正是當我們已經忘記我們自己時」，不過他進一步主張，在死亡中活下來「會是可怕的……那是比死亡更差的命運」，顯示他缺乏想像力。

47 B. D. Chilton, *Pure Kingdom: Jesus' Vision of God* (Grand Rapids: Eerdmans/London: SPCK, 1996), 16.

48 H. Desroches, *The Sociology of Hope* (tr. C. Martin-Sperry; London: Routledge, 1979), 113（原文的斜體已被移去）。

49 下文部分是根據 R. Bauckham, 'Kingdom and Church according to Jesus and Paul,' *Horizons in Biblical Theology* 18 (1996): 1～26，該文在某些地方有較詳細的討論。

50 可四26～32；太十三31～33。

51 在惟一例外的經文（太五35）中，祂是在暗示詩篇四十八篇2節。

52 J. D. Crossan, *The Historical Jesus: The Life of a Mediterranean Jewish Peasant* (Edinburgh: T. & T. Clark, 1991), 266.

53 Tr. H. Waddell, in F. Corrigan ed., *Between Two Eternities: A Helen Waddell Anthology* (London: SPCK, 1993), 185.

54 *De Civitate Dei* 22.30, tr. H. Bettenson in Augustine, *Concerning the City of God against the Pagans* (Harmondsworth: Penguin, 1972), 1088.

55 例如，這觀點可見於 Joseph Hall, 摘引自 McDannell and Lang, *Heaven*, 173。

56 McDannell and Lang, *Heaven*, 357.

6

突破循環：我們的境況和進步的可能性

我們說了千言萬語
我們唱了許多歌曲
獻出許許多多
但現在要活出生命
幫助我們活出生命[1]

在一部主要是前瞻有何事發生的著作中，還是有價值在開始時用一章來集中一瞥以往所發生的事情！在本書中，我們強調基督教信仰和神學需要重新發現它的盼望之超越性視野。我們指出，終末論最終所做的，並非盡力讓我們能夠為這世界而有希望，而是有一個新的世界，那是只有當神願意及行動時才得以成全的。故此，「末後的事」正是完全超越自然和歷史發展或理解範圍之外的事。它們出現的條件，並非在任何人類成就或進化過渡中所尋見或找到的，而是由上帝親自從非存有的深淵創造，處於我們的世界及其子民時刻不安地存在的尖端，而且在其中它們不斷威脅要顛覆離棄上帝的恩慈和忍耐的保守。

當然，我們不能肯定地知道這一點。它不能像科學原理般被證明。在一切方式中，它是違反直覺的，而且違背我們在世界所習慣經驗的方式。正是由於它處於我們科學的合法範圍之外，我們根本不能根據常識來「明白」它。就像任何其他在我們的終極未來中的觀點一樣，它至終是信心的事，植根並培育自基督教想像的一個悠久傳統，而且是屬於以某種方式「啟示」給信心的東西。正如我們已經見到的，這個啟示是密切繫於在基督教聖經所發展出來的形象，以及它們在教會中的解釋。在這個活潑的傳統中，復活的基督通過聖靈而活現和臨在，這些形象所傳遞的真理，在另一個重要的意義中被「認識」；那就是，藉著吸引我們基本信仰的道德認信，那些事情被我們「知道」是真實的，即使我們難以解釋，而且它們提供了一個基礎，塑造我們在世界中每一天的所知和所做。相信世界始終不是由「沒有動機、沒有目的之衰退」的力量所驅動的，[2] 例如，運作的方式是塑造我們的期望、渴求和行動的(它的選擇，大概是任何人都應該嚴肅對待的)。相信那個「目的」(*telos*)，這個世界的終結，是建基於超越自身的他者之上，在某一些層面延續而在另一些則無從比較，是彼此相關和分享同一的狀況和功能，指引我們的想像超越此時此地的模稜兩可，因而為**在**此時此地的生活中存活提出一個有意義的架構。

在一個世俗終末論是由不同偽裝的進步神話已經幾乎虎頭蛇尾地失敗的時代中，對於盼望有一個超越而不是內在的向度，所提供的解毒劑只是足以對抗沒有生氣的絕望，或是狂暴活躍。[3]在一個較為樂觀的時代中，基督教盼望的他世取向，掙扎求存，至少是因為它的關聯性不大明顯。或許，它將會證明是後現代的虛無主義同意得到一個更高形象的實例。當然，這不只是從現代的需要中簡單地作一件美事。先知既沒有讀過尼采的作品，對於他們由上帝所感動的先見之明，也沒有預期到了現代會墮入無望之中；不過，他們已經感到，世界的存有是正如世界的狀況，不論人類的聰明才智如何，都不大可能再寫巴別神話的結局。我們今天的景況，有它必然的特徵；不過在一定的關係中，它是與人類的境況共鳴的，跨越年月，蹤橫不同的文化。聖經的作者可能沒有面對由於核子或遺傳科學而來的疑惑和恐懼，然而他們對於人類的境況明察秋毫，並且堅信人類得救的盼望，最終不是取決於科技、政治、文化或自然，而是在上帝讓萬物更新的應許中。假如我們的境況得以被澄清，而且容許他們的聲音被聽得更清楚，以及更嚴肅地加以對待，那麼情況就會更好。

我們應該費心植樹嗎？

不過，對於一切這類他世性的強調，顯然還有一個回應會出現；那就是，它不會對於現今構成不適當態度的危害(或許甚至是授權)——針對這個我們現在居住其中的世界嗎？換言之，假如我們的目光，是定睛於某些比此時此地更不同和更好的東西時，我們難道不會更少注目於我們所擁有的這世界，並且從而更無禮和更差地對待它嗎？假如救贖來到時，救贖不是我們現今所做事情(或沒有做的事情)的直接結果或形成，而且假如不論我們現在做了(或沒做)甚麼事情，它都會出現，那麼我們就肯定可以在這段期間一如既往，而且沒有嚴肅的理由要爭取任何比我們現今所有更好的東西了嗎？難道他世性不總是對此世性漠不關心、默許和甚至解放超越它的價值？

相反的情況顯然真確。信仰在一個超越性的他世性未來（它的根源可以追溯至文藝復興的人文主義）中被逐漸侵蝕，已經與人類為一己目的而逐漸關心這個世界一致了。[4]這明顯地見於現代典型鍾愛科學（理解這個世界如何運作，並且如何最能控制它的力量，以服務我們的利益）；藝術（頌揚為它的緣故而有的優美感覺，而不是作為一項工具，把我們傳至或讓我們適合某些「神聖」的領域）；政治（尋找策略去改善人民現今所生活的物質和經濟條件）；以及其他實際上是「世俗」的關懷。基本的態度，在於醫學延長我們個人生命的長度所造成的定見（無論這延長部分的性質可以被證明是甚麼），那是假設死亡是我們遇上的最壞情況。畢竟，假如我們認為「這裏」就是一切，那麼我們應該在我們還擁有它的時候更珍重它，而且盡力擁有它。

無疑，那部分是由於我們比以往有更多壓力存在：比以往已知的歷世歷代更多地認識（通過科技的驚人事物）我們的世界，我們就意識到有這麼多要看、要做和要嘗試的事物，而我們錯過了的又有這麼多。就像訪客在美術館閉館前二十分鐘到達一樣，我們要匆忙地越過一幅又一幅展品，惟恐我們會錯過某些有價值的東西一樣。我們本身是有限的看法，困擾著我們，而我們匆忙竭力塞進可用的空間中，行得更快和更遠，見得和嘗得更多，當我們還有時間時就盡我們的可能，而諷刺的是，結果我們餘下的時間十分少。難道有一代是以這麼少時間來實際享用這世界嗎？經常渴望得到下一件事，我們就往往不能品嘗我們所擁有的一刻。[5]

儘管如此，現代心靈肯定有一個與別不同的得益要加以學習，欣賞這個世界，以及它所給予我們的一切嗎？即使這份欣賞是有矛盾的情緒，而且在以往數十年來帶領我們接近核子和生態大災難的邊緣，然而真正與它有關的得益，正是我們現今不應放棄者。雖然，假如對這世界的此類積極關心的智性脈絡，以往是「人類從未來生命至此的漩渦」有效的改換位置，[6] 現今是一個他世性的終末論，正如一個我們信奉在此有能力支持它者，或它一定會使它喪失生命的能量嗎？

或許有人懷疑，對於他世的關注，往往耗費基督教對此時此地適當關懷的精力。這部分是由於早期在福音與古典哲學之間形成了聯繫，而後者對歷史現況的有效貶低，正好總結在蘇格拉底(Socrates)的審判中，他認為與身體的共同關係「妨礙了靈魂，並阻礙了它得到真理和智慧」，而他描述真哲學是對於死亡的默想和預備，那是在這妨礙最終除去之時。[7] 當然這是一種相當與別不同的「他世性」，注目於短暫／物質和永恆／屬靈存在之間的二元論，而不是這個世界與下個世界之間的差距；不過它是一個模式，基督教神學家因此游離了教會歷史的最早期，而基督教神學也經常繁衍再生，並且往往沒有柏拉圖版本那麼精明。基督徒相信一個「不朽的靈魂」的持久性，那有別於身體，比身體活得更長久，實際上是「真正要緊的事情」，就足以說明這個事實。

不過，我們不可以完全歸咎於基督教門檻以外的影響。使徒保羅對整體「聖經」的觀點，據他所說是「曉得我們住在身內，便與主相離」，而「我們……是更願意離開身體與主同住」，[8]驟眼看來似乎有類似的取向。保羅的渴望不是一個沒有身體的存在，正如蘇格拉底一樣；而是復活有形體的存在。不過，他沒有清楚表達喜愛「那時那地」多過「此時此地」。同一主題在歷代靈修作品中一次又一次湧現。例如，在十九世紀初蒙哥馬利（James Montgomery）的聖詩中，我們發現以下的內容：

在此身體被幽禁，
沒有祂我在流浪，
然而晚上安穩我那移動的帳篷
一天的步伐更近家鄉。

我父的家在高處，
我靈魂的家鄉，如何接近
偶爾，對於信者預知的眼睛
你的金門出現！
噢，然後我的靈魂軟弱無力
到達我所愛之地，
聖徒的明亮之所，
在上的耶路撒冷。[9]

以上的詞句，很難説是在情感上強烈地暗示作者現今的命運！然而，這等感想不必是貶低此時此地（除了以關係用詞之外），而這等相關的判斷，似乎牽涉救恩的概念本身。那個「天」將會是對這個世界的改善（正如我們必然猜想的），讓它得以成為屬天的一部分。我們也不應忘記，對於許多把這世界作出對比的人來說，即使並非總是「齷齪的、粗野的和簡短的」，卻仍然比起許多將會讀這本書的人來說，沒有那麼舒適。現代性使它的居民藉著限制許多較為令人不能忍受的層面，更易領會在生活中的美好事物。然而，基督徒有時以一個較有問題的方式來降低這個世界的價值，尤其是在前瞻一個完全超越它的未來處境，而且諷刺地，不少是在現代、西方新教的版本，來自這個世界所能提供的最優秀和最豐裕的環境。

例如，論到北美不同類型的天啟主義，內斯森(Craig Nessan)指出它是怎樣

> 防衛一個相對舒服的現狀，因為一羣富裕的多數派已經滿足於他們現今的狀況。由於上帝是那控制著即將發生的末世事件，故此沒有任何關於未來的事是我們有義務要改變的。我們不用改變社會的結構，以致饑餓者得飽，或矛盾得以非暴力地抵銷。相反地，我們是在履行我們對未來的義務，藉著傳遞末世的信息，以致個人將會悔改，接納耶穌，得蒙拯救，並且讓他們開始把這信息傳給別人。[10]

藉著強調基督教盼望的基本他世性和個人情況，以及上帝對於實現它的獨特責任，內斯森指出，這等趨向完全損害任何對於共同好處或「塑造上帝對人類歷史的未來心意的負責任關係」的個人委身的意識。[11]這種態度，最好由一個(非基督徒)觀察者所提出的苦毒詩文所總結：「隨這往地獄去。這一切是在往地獄去。在此擺脫地獄吧！」

這一切都是離開多愁善感的漫長道路，經常正如馬丁·路德所說的，若他發現明天將是世界末日，他會去到花園中，種植一棵樹。這是本章將會關心的極重要問題。因著世界將要來到終局，上帝應許了一個全新的創造，我們應該怎辦？不論末日是明天，公元二千年(正如許多天啟思想的基督徒所假設的)，或二千年後的今天；假如它要來到，而且我們在其間做任何事都不會影響事物的最終結果，那麼我們應做甚麼事，為何要這樣做？

進步的可能性？

在本章餘下部分，我們將會提出在基督教信仰模式內，他世(「天啟性」)的盼望與此世的委身之間的關係。採納和發展第三章的主題，即一個恰當**超越**類別的盼望(即盼望是放在某些超越自然和歷史範圍的事，並且需要上帝的一次決定性的新創造行動去建立它)不只適合，更實際配備了行動最適當的資源和能力，以求改變此時此地。我們對進步神話的死亡和它那尚未兑現的樂觀主義，必需加以堅持，不過，以下兩者之間是有意義的區別的：現代經常把進步奉為一種**教義**(彷彿進步是一條自然的定律，可見於物理、生物和屬靈的過程中，跨越宇宙，即使有時搖晃不定，卻是無情地朝向一個烏托邦式的未來)，以及相信在全球看來，那怕停止甚至倒退，那也可以只是特色，即使不是世界的更多特色，可是進步在某些處境和限制中仍是**可能的**。[12]

相信進步的可能性是必須的，增強任何有意義的奮鬥，以致某些事情可以更好。然而，它對這個目的而言是不足夠的，需要由另一者補充：那就是，這等前進是

值得苦幹的，即使它的有限本質和(嚴格而言)它在達成救贖中是不需要的。我們可以建議，作為基督徒(基督的跟隨者)的意思，部分是委身於以不同方式活出歷史，追求耶穌所描述的上帝的國度的典型記號，並且記錄這些(真理、美善、公義、和平、聖潔等)**在**這個世界中，即使上帝的國度本身不**屬**這世界。我們蒙召這樣做，不是為了成為讓我們(或世界)得救的一個渠道，而是把這些道德目標視之為目的所在，是在歷史中當然值得追求的東西，並且代表了此世此生在它們本身的權利上的價值。餵養饑餓者，醫治病患者，安慰貧苦者，保護軟弱和易受傷害者等等，這一切的適當理由，不是為了煽動(更不必說是支持或賦予)上帝來拯救世界，而在於這些是值得做和應該做的事情，只要我們真的重視此時此地的生命。我們可以說，他們是上帝的國度的具體象徵或預期，在這個世界環境下的新創造。若是以別的角度來看待它們，彷彿那是必須的條件或甚至在某程度上等於這新秩序的來臨，都是忽略了上帝的應許未來的極端創新性，並且陷入了非常壞的個人、政治和生態工作的正義中。

談到「奮鬥」，在遠非不適當之時，只要我們沒有探討進步的可能性單獨存在的環境，就會是誤導的。正如我們不能(藉著我們自己無助的努力)帶來新的創造，故此我們可以說，在這個世界中，進步的盼望，最好被理解為植根(詳盡的或化名的)於分享上帝超越性未來彰顯於現在的能力。在基督教的用語中，這是明確等於藉著聖潔的上帝之靈的能力在基督裏的參與。然而，更普遍地，它可以是描述在一個基本上是開放未來的更新影響下活得不一樣，而不是活在過去的結果所提供的限制中。

不論是罪和死的力量，是被生命的靈所抵抗或戰勝(那不是別人而是永活的上帝，在耶穌基督裏被得知)，可以被確認為致力不斷更新祂的創造。不論祂是被識別或被承認為源頭，都不是無關緊要的事情，但它卻不是決定於祂的進取性之效用。那是人類自由與神聖行動的複雜問題，並非潛伏在離此表面很遠之處，而是相當重要地見到上帝在基督教會範圍之外的更新作為，正如在其範圍之內一樣。我們認為，這個行動最好被解釋為不是「從上而來」的插入，甚至是從超越性未來回到現在，並且驅使我們(以不同的方式)朝向那未來，藉著產生突如其來和對它經常驚訝的預期，**在其中**超越了一個世界的局限，那是死亡在其他方面的支配力量。只有通過我們主動地分享在這等創議之中，「進步」——朝向「生命在其豐盛完滿之中」，在其道德的、屬靈的、物理的、智能的、經濟的或其他層面的運動——是有可能的，並且我們可以期望更多在未來，而不是「『永劫復來』(eternal return)的孤寂異象，在其中所有歷史是週而復始與似曾相識的感覺(*deja vu*)」。[13]

超越性的敲詐

那真的很難認為，他世性已經常被描繪成一個附隨的不重要之物，朝向這一生之事。這樣的說法是相當廣泛和不分青紅皂白的。事實上，人們經常容許他們對「末後之事」的期望來修改他們的行為，偶爾有相當古怪的結果；不過，對於此世事情的關注，正是顯然疏忽了它。例如，在九九九年經歷的千禧年前的恐懼和期待，在雙方之間產生了一輪例子，而我們可以合理地預期，同類樣式會在第二個千禧年過渡至第三個時出現。例如，在九九九年，預期歷史會終結在基督誕生一千年時，讓許多人把焦點從物質暫時改變至較終極的關懷上。「每一方面的建造，都會被毀壞。當世界的終局臨近之時，若要改變它們，是被視為無用的。」[14]我們親身經歷的日子已經見過有許多突出例子顯示，那些確信有某些劇變出現，把他們清掃到一個「屬靈」極樂世界的人，甘願忽略或放棄了歷史的物質外表。海爾．博普 (Hale Bopp) 彗星在一九九七年臨到我們的天空時所引起的集體自殺行為，正是一個現實例子，雖然可能在比我們的日子較早的年月會造成更多驚奇，卻仍然合乎終末性行為的一個可辨明樣式。

另一方面，這樣或那樣的天啟主義，也對這個世界的狀況產生了一個熱情的注目，隨著某些察覺到的結局，轉捩點或審判的態度，屋子也倉促地搭建和理順起來。例如，在一千年前有一種按照字面的「佣人」(housekeeping) 模式，為的是預備主再來。「有錢人交出一車的珠寶，為的是希望基督會發現他們是在恩典的狀況中。負債被取銷；囚犯可以離開監獄。」[15] 在同一態度的現代版本中可以得見，例如在某些新紀元宗教中，根據人類現今的道德、智力和生態危機，代表了在生命或靈性的進化中，一個階段的最後死亡劇痛，而從這階段中，我們可以浮現出一個較高的「屬靈」存有水平，不過在其間，我們要弄妥我們的屋子，並且避免別人威脅要毀滅我們的災難。

把我們的終極命運視之為「屬靈的人」(*homo spiritualis*)，因而在現今極端信奉一個新的人類議程：環境的保護；仔細考慮他者（非人類，我們星球的居住者）的安康；經濟、政治和社會制度的改革，朝著更分散和關係性的模式的方向，不公平的除滅，在爭議的決定中提倡非暴力過程。或這或那，非常此世性的關注，是我們真人類發現的路徑和方法(不論個人和種族)。他們對充分數字的尋求，儘管是薄薄地滲遍社會，最終結果將會在一個不能逆轉的進化轉變，那是會改變一切現實，從個人靈魂的最深處，直至物質宇宙的最遙遠角落。正如一段經典的新紀元文獻所說的：「**那全是有其他方式的。……我們的病況就是我們的機遇。**」[16] 當然，關鍵是在於我們以別的方式**造成**事情，以避免大災難，並且預備我們自己和我們的世界，而不是包括它的烏托邦式選擇。它是一個龐大的責任，而我們正在用完時間。

這些後段的例子，實際上表明了因此甚少嚴肅地重視這個世界。以某種方式來說，它們全都對未來給予決定性的特權，正如我們已經表明的，那不是基督徒對新創造的真正盼望。[17]它們可能最佳理解為悔罪的熱情，為的是避免之前的忽略和疏忽所造成的未來結果；不過，它們是在證明，不論動機為何，注目在他世在其中可以有正面(也可以是負面)的實際影響。

同一模式相當近似個人的(而不是宇宙性的)終末論的範圍，正如它在教會中經常被理解的。我們每一個人都要面對一個個人的危機，無情地朝向我們的人生，即使我們經常通過壓抑的機制來處理它，亦只有面對和適應它在日常生活的現實。在這種方式中，我們個人的生活形態模仿了歷史的整體外形：以無常而不是持久為特徵，它們最終會逐漸變成一個虛無的無意義深淵，或要不然變化成為某些新穎和美好的東西。假如蘇格拉底式的取向是找出死亡，而且迎接它就像是從身體的枷鎖中得脫一樣，那麼基督徒的態度就總是更含糊不清的，在此有幾個理由。其一是本質的價值，基督教信仰在上帝創造的物質世界中被承認。即使生命在最艱難和最殘酷之時，信心之眼總是想回應創造黎明的神聖審判，那是(仍然是)在某程度上「它是好的」，[18] 而不是要被克服的有害或暫時的障礙。因此，從一個基督徒看來，「認為此生不外乎是預備來世的概念，是一個拒絕生活的理論，也是一個宗教騙子。它是與活著的上帝不一致的，上帝是『生命的愛好者』。」[19]

另一個理由說明，基督徒為何經常對蘇格拉底的「枷鎖」較為熱心，而不是他自己持有基督徒在教會歷史大多數時期所預期的二元性模式。換言之，比起今天許多基督徒較少信心，似乎上帝救恩的範圍必須最終包括所有人，並沒遺漏，許多人已經猶豫於他們對本身的肯定，而且不再看見基本的基督徒信念(就是上帝慷慨地提供祂的救恩，對於任何尋求者沒有設限)，而是在懼怕之下艱苦過活，認為仍然留在這個世界，只是有可能為了推遲一個潛在可怕的發現，以及按次序地處理他們個人的房子，從而可以按照他們的喜愛而增加終末性的機會。

把這一生視之為一段考驗的時期，在此之後我們會發現我們是否「插入」了下一輪，已經肯定地緊握基督徒許多世紀以來的想像，而且經常被運用，正是因為它足以影響人們的行為模式和優先次序的。地獄之火的講章，詳細地解釋那些沒有達標的人會有何折磨，那並不是經常按照剛愎自用或自以為是的得意形式而設計的，而是一個真誠和好意的嘗試，以致把人們從地獄嚇跑，讓他們合乎上帝對人生的要求，使他們合乎在過程中的救恩。那是一個古怪的事實，人類的想像總是發現，對付地獄比對付天堂更簡單，而且正如斯坦納指出的，為它在這個世界中提供具體的近似值，因為「這些圖畫總是較為仔細的」。[20]諷刺的是，這可能要把地獄的預期功效視之為一個威嚇或改革的工具，驅使人們把地獄想像成燃燒的火燄和威嚇，為的是避免他們有可能實際上在某一時刻面對這些事情的實況。即使當地獄本身的客觀事實的信念開始在教會知識分子中間失落時，也是需要教導它的實況，以及維持它在大眾之間的信念，有時由於這等信念的失落而要極力鼓吹，只可能導致在一個危險水平上的道德鬆弛。[21]

開發這個世界的道德與另一世界的信仰之間的聯繫，並沒有(儘管)成為許多惡毒的「地獄之火與詛咒」的講員之保護範圍。它可能性的欣賞，可以找到更世故的版本和最驚訝之處。例如，德國啟蒙哲學家康德(I. Kant)的名字，即是等同於在面對一切迷信時提倡理性，完全承認終末論的象徵只是涉及個人道德這極其有限的角色。故此，當他有一個死後生命的信念，那不可能是一項教義(因為它不可能藉著理性得知)，他就堅持這等信念仍然扮演重要的實際角色。一方面，它鼓勵了那些在他們裏面發現傾向接近神聖律法的絕對的人，確信他們那等堅持這些事是值得的，因為它以適當方式導致這同一個逐漸上升進入永恆的道德曲線的延伸。另一方面，那些生活逐漸螺旋循環(spiral)下降的人，會發現他們被引導(在他們的道德不足以進入永恆的威脅下)「盡可能離開邪惡」。康德認為，天堂與地獄、獎賞與刑罰的象徵代表「足以成為一方面〔人性的〕是在良善中的肯定和保證，而在另一方面喚醒良心面對審判，……因此作為動機，沒有任何需要**在教義上**(作為教義的一項)作出假設，認為善良或邪惡的永恆是人類的命運，也是客觀存在的。」[22]

康德認為，當人類的存有必須在理論上達到上帝的律法要求時，實際上所有人某程度上在此生都會缺乏了它。因此，終末論的實際功能是刺激他們在正確的方向上走，或藉著鼓勵，或藉著威脅。「真正的宗教不是在於上帝現在或過去為我們得救而作的知識或技藝，而是在於我們必須作出來配合它的事情。」因此，在道德的利害中，神聖的象徵敍事文「在任何時候都應該被教導和解釋的」。[23]當康德在別的地方堅決認為，順服律法的惟一真正基礎是對責任的一個無私和無條件的回應時，[24]在文章中描述的「動機」(以及康德對於唯信仰論者所肯定的結果的伴隨觀察[25])是為了一個守法主義的記述，在其中私利是通過恐懼的召喚而顯然扮演絕大部分。

無可否認，個人終末論與這一生的行為模式之間的關聯十分大。許多讀者都會認識某人是(在發現中)領悟或相信他們的生命正在接近終局，那是被激勵至某些價值觀、優先權和渴望的基本再定。在某些情況中，這可能會造成人格的突然和戲劇性的改變，以及關係上的改變。沒有任何東西就像死亡一樣(特別是個人的)，可以讓心思注目在生命的質素上。真相是我們的社會，由於對死亡的機制有過多的迷思(在此，那是由於錄影模擬所帶來的一個更大阻攔)，就發現沒有甚麼比面對死亡本身更困難，以及大多把它從公共生活中排除出去。[26]在幼年時突然出現意外的死亡，這是相當令人不快的事，正是因為死亡是某些要謹慎預備的事；不過，「壽終正寢」的概念，以及對於個人在死亡中可以倖存的任何公眾信念，在我們的社會中早已消逝。今天，許多人的理想是快速死亡，寧可對這件事沒有意識。

實際上，康德對終末性象徵作用在人生中的角色的記載，是在一生中「預備死亡」的延伸的促進。在這方面，它提出了一個相當適當的版本(以基督教的用語)，好過所謂「臨終悔改」的最後一刻轉變。假如我們植根在耶穌的教導中，那麼我們將會找到大量理據去支持這個觀念，讓一生應該每一天活在它的終局及其後的亮光中，不論是以個人或宇宙的用語。然而，康德的解釋加上它在終末論上的軟硬兼施，而它是代表了一個廣泛流傳在新教和天主教的教導中一個概念的精密版本，並且對它支持的經文可以肯定是採取自新舊兩約聖經，最終扭曲了聖經是一個整體思想，關乎終末性盼望在改變活著的現今的衝擊。

康德忠實地相信他對絕對聖潔的呈現，正是聖經對上帝特性的表達。他非常明白這同一位上帝對祂的受造物所要有的顯然威嚴：「你們要聖潔，因為我是聖潔的。」正如這個要求的暗示，概略見於例如十誡和耶穌的登山寶訓等重要經文中，那是顯而易見的，當他們肯定提供了生命在世界生活的非常實際建議(那是可供追求和部分接近的標準和準則)，人類聖潔的整體異象所呈現的，正是它證明任何人都不可能實際上做到的。那就是說，它是一個人性的異象，時常**超越**我們的生活現實。

我們要如何想到這一點？正是按照終末論的用語，否則我們將會迅速進入倫理上的(緊接在屬靈之後的)倦怠。在以下的段落中，我們所得到的是一種模式，想像當上帝帶領歷史到達它的目的時，將會讓新人類的情況成為甚麼樣子。在歷史中只有一個全新人類的完美比喻可作借鏡：新約作者告訴我們，耶穌是完滿了律法，持守著盟約。在耶穌裏，上帝讓祂自己成為我們「舊」人性的條件，並且通過流出祂的聖靈，以及通過一個凱旋的人類，戰勝罪惡和死亡的力量，從其中為我們塑造一個終末性的徵兆，一個血肉的暗示，指向和預期新人類在舊的形式之中和之下；不過，在這樣做之中，祂的啟示肯定這個新人類不是屬於或符合我們現今所認識的世界。它形成一個震驚，一塊絆腳石，一個造成反感的怪誕舉動，並且必須置諸死地。我們難以在我們中間接納它。那些願意承擔起「跟隨這位耶穌」的軛者，抵抗在世界中迄今為止仍然是十分活躍的罪惡和死亡的力量，將會為他們及在其付出中發現這一點。

對我們來說，而且就現今而言，一個神聖人類的這個版本（自始至終都是受著上帝的聖靈而不是「肉體」的原則所影響的人類），仍然是一個超然的版本，那是站在審判我們有罪和軟弱的現實的對面。這一點康德是相當正確的。不過，究竟我們是從這裏到哪裏？這樣一個異象為何指示給我們？假如我們發現它是不能理解和難以實現的，那麼為何把它給予我們？這是康德仔細掙扎的問題。難道他是不正確地解釋它為一個理想，對此我們必須在每一個處境中奮鬥？是的，而且（正如我們將會見到的）這個「理想」的終末性理解，同時增強了這等奮鬥的需要，並且（重要地）為它的收成豐碩提供了資源。不過，假如這異象只不過是一個理想，那麼我們一再不能達到它（因為我們的收成豐碩只能夠是部分達到的），特別是當駕馭一個終末論的嘗試性模型時，自然而然會導致喚起懼怕和自私自利，成為在我們的努力之下的驅使力量。

不過，假如我們以為，在某些可以識別的意識中，追求聖潔的惟一真正動機，以及有力量在最後改觀了行為、關係和制度在這世界中的模式，不是恐懼而是愛（那是神聖的愛反映了上帝在世界中的自我特質），那麼在康德解釋中的內在瑕疵就更明顯。為此，作為一個蘇格蘭思想家，當康德在文章中寫下他的思想之後六十年，思考這事，我們「不能因被嚇怕而進入愛」。[27]

假如人類神聖的聖經版本實際上是發揮了在此生的一個**真正**聖潔（卻只是部分和不完美的）的源泉，因此，假如它是不再威脅我們，就像達摩克利茲（Damocles）之劍〔編按：喻隱藏著危險，千鈞一髮〕，滴下斯坦納所謂的「超越性的敲詐」（the blackmail of transcendence），[28]那麼它必然是以終末性來理解的，而且被視為不只是一個理想，**更是一個應許**。「你們要聖潔，因為我是聖潔的」是雙方的；正如一個神學家指出，那是絕對的要求和終極的救助。[29] 它所表達的不是**造成**救恩的環境，而是得救者**的**最終境況。上帝呼召我們來到聖潔的應許，在適當的時候，我們將會實際上是穿上了它的，而且是通過祂的努力而不是我們的。雖然，在其間，那應許藉著耶穌在福音書中的風采和祂所述說的故事，填滿我們的想像，並且從兩約的其他抽象倫理規則，推斷至我們自己的境況，它仍然是我們的注目所在。藉著改造我們的自我理解，我們對於未來為我們而設的異象，以及我們基本渴求的外觀，它從我們的肩膀解除了極大的責任重擔，並且釋放我們去事奉上帝，那不是現今由於恐懼而拯救自己的無益努力，而是源自愛，那是因為我們想這樣做，而且因為良善是某些值得做的事。

終末論與受壓迫者得釋放

不論終末性的向度被理解和使用的方式有時會如何，它既不是一個方便的辯解，讓有能力者維持現狀，也不是一個工具，成為道德鬆弛者的心理操縱。終末論首要的是一個盼望和解放的來源，因而是針對那些(以或這或那的方式)覺得自己是在無助、為奴或被壓制的境況中的人。看起來，更多他世性的焦點，就有更多此世性的關聯。我們愈能相信上帝最終會改變現況，我們就愈能躍出失望的泥沼，而且被釋放去發動小規模的抗拒行動。因此，毫不意外地，聖經許多明確的終末性文學是在流放和逼迫時撰寫的。它的本身是直接政治性的，藉著抓住它們的想像，被設計去塑造受壓制者的行動，並且提出一個對上帝應許未來的改變性視象。因此，我們再一次見到，「終末性」這形容詞不只是指對迄今而言遙遠未來的事情，也是指同一事情對現狀的意義和影響。

有時，這是藉著超越歷史的想像性記錄而做成的。在其他例子中，我們找到一個較為此世性取向的異象，在其中罪惡、死亡和壓迫的現今秩序，已經被生命與愛的力量所藏於的歷史所推翻和取代了。例如，在啟示錄二十章中，有上帝的「聖徒」在未來千禧年統治的終末性形象，[30]在作者的筆下，描述那些人為著他們試圖跟隨基督的緣故，受到可怕的壓迫，最後為他們的信仰得到清白和獎賞。這個故事告訴聆聽者，那些為基督的緣故而殉道的人，而不是現今掌權者，將會是在光明與黑暗、良善與邪惡的鬥爭中的最後勝利者；而在他們證明無罪的場境中(至少是善良的)，也是他們蒙羞和犧牲之處。這樣的此世性描繪，並不是要字面地成為未來歷史終結前奏的預兆，以便執行它們的解放性功能。[31] 然而，藉著呈現一段他世性的記載，以敍述此世的境況，這樣的經文，正如幫助我們以相當具體的用語來想像最後的勝利一樣，也提醒了我們它的此世性和當代關聯，並且在我們的想像中鼓勵我們，以及隨後奮力實現它在我們的生命和羣體中的預期。回顧我們在第四章中提及的類型學，想像一個純粹「奇幻」的種類，就會讓此世性的終末論盼望向度更難認知。

聖經其他的某些例子，將會增強我們在這一段中的論點。首先是**以賽亞書**四十至五十五章，當時猶太國在巴比倫被擄遠離的歲月中不再有效地成為一個國家；他們離開現今已成廢墟的錫安聖殿，那是他們的信仰所繫，他們被束縛押送七百英里之遙，向東橫渡沙漠平原，破落在事件的輪子中，那也是上帝審判的工具。應許之地，也即流奶與蜜之地，現今只是保存和珍愛在她的共同記憶中，那是許多民謠和傳說的主題，為的是保存一個國家身分的意識。由此時期而來的詩人熟悉用語，以三言兩語代表了人民的心聲：「我們曾在巴比倫的河邊坐下，一追想錫安就哭了。……我們怎能在外邦唱耶和華的歌呢？」(詩一三七1～4)

不過，正是與這等可以理解的哀歌奇怪並列的，我們見到新盼望的青綠和充滿生氣的奔流，衝破了被擄的枯燥和似乎荒涼的土壤。

「你們的上帝說：你們要安慰，安慰我的百姓。……在曠野預備耶和華的路，在沙漠地修平我們上帝的道。……我許久閉口不言，靜默不語；現在我要喊叫，像產難的婦人；我要急氣而喘哮。……雅各啊，創造你的耶和華，以色列啊，造成你的那位，現在如此說：你不要害怕！因為我救贖了你。我曾提你的名召你，你是屬我的。……你們不要記念從前的事，也不要思想古時的事。」

故事繼續下去。對於任何人來說，這都很難算是對於政治現實的高度精明估計。然而，以賽亞書編織了一個有盼望的異象，有別於他子民境況的外觀實況，應許了似乎超越現今可能性範圍的東西，確信上帝的救贖能力，祂創造一切事物，不能以植根於現實的期待所限定和衡量。在他的想像之中，先知看透已知的事實，見到意想不到和令人驚異的未來，那未來是他的同胞可以在絕望之時仰望的，更新在面對奴役的面貌和作為上帝子民的身分的目的，那是被擄威脅會擦掉的。堅固地抓住這樣的一個異象，人民將會找到現今的受苦失去了它的終極性，因而足以壓碎心靈。

在啟示錄一書中，可以見到我們看過的類似東西。當然，如今是基督徒的教會，而不是猶太國民，在羅馬帝國的力量統治的世界中，找到自己正處於被擄的景況中。約翰是寫信給那些反抗這個社會制度，並且忠於基督，可以為此受苦、被捕甚至受死的人，他在書中打開了我們某些人稱之為「先知啟示文學」的文體，透過它的想像模式，揭示一個對這世界和當代歷史事件的超越觀點，置於它們在上帝為祂國度再來的終極目的之更廣闊和更完整的脈絡。因此：

約翰(並讀者也跟他一起)被提到天上，好從天上的角度觀看世界。他有機會在歷史帷幕的背後窺望，看見他所在的時空裏真正發生的事情。在視象中他也被領進世界的終末未來，讓他在上帝為人類歷史所設定的終極目的底下，從預定終局的角度觀看現在。或者可以說，視象的作用是要擴闊讀者的世界，既在空間上(進入天上)，也在時間上(進入終末未來)；或者，換一種說法，就是要叫他們的世界向神聖的超越面開放。羅馬帝國的權力和意識形態對讀者世界所造成的種種限制被打破，讀者有一個新的世界觀，就是向著超越的創造主和救贖主那更偉大的旨意開放。這並非要捨離此時此地，逃遁於天上或終末的未來，而是，當此時此地向超越的層面敞開的時候，世界的樣子就完全不同了。這個由天啟的視象所顯示的；從超越的角度觀看的世界，是一個新的符號世界，讀者被約翰的藝術筆觸引進了這個世界裏。這實在不是另一個世界，而是讀者天天生活在其中的具體世界，不過從天上和終末的角度來觀看而已。既然如此，它的作用……乃是為抗衡羅馬帝國的世界觀，正是約翰的讀者自然地共有的；那對他們的處境作出詮釋的主體意識形態。[32]

那麼，我們在此擁有的東西是一個想像性的異象，在其中看待事物的主要方式(包括現在和未來)基本上是備受挑戰的，而且另一幅圖像，由上帝的未來所固有的潛力和可能所描繪。羅馬不是最終的權威，而且不會有最終的勝利。上帝不是失蹤了，而且祂的國度會再臨。不論有何經驗會被建議，而且不論有何權力的聲音會被提出，這些是讀者環境的實況。對於基督教會的挑戰，在一切過分實在不安和危險之中是(一如過往)活在這另一個異象的亮光中，而不是屈服於宰制的意識形態，即使後者是由軍事和政治力量所支撐的。啟示錄(就像第二以賽亞一樣)為上帝的子民提供了一個具破壞力的異象，提供資源去從事神學家懷爾德(Amos Wilder)所謂的一場「游擊劇」(guerilla theatre)的活動，致力爭取人的心靈和意志，而且堅固地植根於一個掌握他們想像的吩咐。[33]

重生和更新

進步在這個世界中的可能性，其情況是由對上帝的超越性未來在此時此地的盼望之反射性衝擊所提供的，其影響力不是由改進我們的可能性而作的懼怕和瘋狂努力而有的，而是發現上帝想要為我們做並與我們做的事之解放。這個發現即使現在也讓我們自由地追求合乎我們的終末性命運，確信知道我們不會被迫靠著我們自己的資源這樣做，並且不用受制於對終極結果的責任的其他沉重負擔。在我們每天與死亡的模式與力量的掙扎中，生命的聖靈一同讓我們得以從過去的束縛中得釋放，並且讓我們有能力在盼望中前進，在我們乾枯的能量中呼吸新生命，以及開啟它們從上帝所應許的未來接受能力的泉源。不是受到那曾是和現在是甚麼之延伸的限制，我們的行事方式真的可以是意料之外，嚴肅對待在基督降臨之時，萬物至終(在此時此地之中)的全新和不能預期的彰顯的可能性。換言之，我們是活在一個現今中，那是由未來而不是過去所塑造的，我們可以稱為未來塑造現今 (future-made-present) 的力量。[34]那麼，作為基督徒，我們不是受限於一個只描述事情的盼望，那是至今為止經常欠缺的。在通過我們對它的想像之中，在通過我們中間把耶穌從死裏復活的聖靈的臨在和作用之中，我們真的經歷我們所盼望的是甚麼，儘管只是部分，並且是在這世界事物的形式中。不過，在這樣子中，我們是有能力以不同形式活出歷史。在我們對這一位聖靈的經驗中，「上帝親自臨在我們中間」，而且「我們是被一個盼望所佔據，那是看到前面有無限的可能性，因為它望向上帝的未來。心靈擴張。盼望的目的在我們自己的生命中，以及我們自己期待生命之間，熔合上帝的盼望進一切事情的新創造中。」[35]

聖經的一個主要隱喻，涉及現今在聖靈的適當領域影響下的這個更新，就是未來是重生或重新。耶穌告訴尼哥底母：「人若不重生，就不能見上帝的國。……從肉身生的就是肉身；從靈生的就是靈。」[36]這個比喻的震驚之處，並沒有忘掉尼哥底母所忽視之處。「豈能再進母腹生出來嗎？」顯然不是。不過，這個形像完全不是武斷的。我們已經建議，在馬太福音和路加福音中描述耶穌誕生的情況，對這同一個終末性的含糊之事提出了一個深刻的徵兆。生命是產生於生命沒有希望自然存在之時，而那中介施動者 (agent) 是同一位聖靈。馬利亞問：「我沒有出嫁，怎麼有這事呢？」尼哥底母問：「人已經老了，如何能重生呢？」。它們都是好問題。不論耶穌自己，或者第四福音的作者是否想要追溯出這些經文之間轉彎抹角卻有啟發性的關係，它也值得我們探討。

除了這段材料是完全明顯暗示耶穌的隱喻之外，還有許多獨立的想像性力量，作為一種方式提到當生命的靈來臨時會有何事發生。我們所知道和所經歷的自然限制(即是說，對我們來說是「自然」或「天生」的事，耶穌暗示那是「肉體」的事)是被打開了，而且在或多或少激進和突出的方式中，形勢產生了，在我們的個人生命或更廣闊地是在歷史中，因著創始和事件是完全「新」的，涉及其他方面和通常是有可能及可預計的。從肉體而生的是肉體。不過，在此出現的，當它是在歷史之間時，肯定是屬於聖靈的，即使它包含了我們存在的物質層面。(在聖經中，聖靈的真實既不是限於也不是延伸自「屬靈」的領域，那是在我們存在的非物質層面的意義中。許多「屬靈」的現象不可能歸因於聖靈的行動，並且識別出它們是聖靈的重要天賦本身。[37]) 故此，不論我們怎樣想那些醫治的「神蹟」和其他值得注意的自然現象，那是在耶穌自己的事工或教會之後的經驗，最終必然歸因於上帝在世界中令人意外和直接行事，或羣體藉著信心和順服而有的同一神蹟性改變和變像，我們最終是在處理同一事情：上帝終末性國度的記號和預期，上帝蒙應許的新創造和新人類。在我們與我們中間的邪惡和死亡的力量是被釘十字架了，而且良善和生命的力量在我們裏面有完滿的出現(「這等人不是從血氣生的，不是從情慾生的，也不是從人意生的，乃是從神生的」[38])。

這個世界的逐漸更新，開始吻合另一個提供的模式，因而可以描繪成誕生，那是驟然而來的「生命」所散發的新主動，以自然因果關係而言，在此之前是不能完全預計和追溯的。正如耶穌指出的，他們是「從靈生的」、「從上而來」，或許我們可以大膽建議，是從上帝所應許的未來而生的。

活得有期待

當然，這不是說，它們總是沒有我們的積極參與和努力就得以完成。這可能是誕生隱喻的一個缺點。畢竟，誕生是某些發生在我們身上的事，卻完全不是取決於我們這一方的意願或行事。假如我們忘記，誕生只是一個開始，把我們投進成長、發展和掙扎的人生中，那麼我們將會有失足墮進一個終末性的「期待和看見」的危險中，再一次圍繞著恐懼的心靈，而且限制了在這世界高視闊步的可能性。事實上，我們不能憑著自己帶來甚麼或提供甚麼，並不是意味著它有可能當我們在待命或守候之時才會被建立。當然，這有時是真確的；不過我們大可以確信地期待，當聖靈在我們不能為自己做時為我們而做，祂仍然會在其中這樣做，並且通過我們，那是涉及我們完全和自由的參與。那是在這個非常相同的願意和行事中，在「靈感自由」的主動進取中，那進展就會變成有可能，而且生命和羣體的轉變發生了，至少是在重要的地方。

這樣的意願和行事，經常始於認識我們在人性上的無能之處，以及它所導致的絕望。許多人已經到了他們個人範圍的邊沿，並且在尋找一個類似的衰竭，而他們也首次發現上帝的靈在更新中的資源。正如一個近期的作者在這段更新行程中生動地說：「有時上帝把地氈從我們腳下拉走，因為只有當我們安然躺下時，充斥著我們的自信破碎，而我們將會最終仰望祂。」[39] 雖然，當我們這樣做時，我們必須預期結果根本不會舒適。祈求與代禱的邏輯，是一個自我涉及的邏輯。我們不能禱告，像耶穌教導我們的：「願你的國降臨；願你的旨意行在地上，如同行在天上」，然後打算坐下來，弄我們自己的事。若是以這些用語禱告，就是把自己委身於一個終極的行動主義中，在其中通過聖靈的能力，我們得以成為上帝的國度來臨的一員，以及祂的永恆旨意在歷史中實現的範圍，不論結局在我們而言是甚麼。正如我們曾經說過的，因為極少聖經的理由假設，藉著神的靈參與在這個世界的更新中，將會導致流行、成功或安穩的生命。正好相反，生命之靈臨在和活躍的程度，似乎正是等於黑暗和死亡的力量在殺戮中的程度，而且經常得到暫時的勝利。讓耶穌從死裏復活的聖靈，也是十字架的聖靈，而且更新的道路不能避開釘十字架，只能穿越它。[40]這個世界的事情需要在它們可以興起更新之前，以這樣或那樣的方式摧毀。此外，正如十字架本身教導我們的，死亡的力量有時必須被允許得勝，為的是讓它們的救贖可以被安排。

忠於上帝的終末性國度，參與在聖靈的更新工作中，可以因而讓我們直接牽涉在這個過程有關的苦楚和羞辱。在某些「更新」的神學或靈命中，能言善道和必勝心態訴諸於上帝的「能力」，會受惠於重新思想這個明白的聖經事實：那一位生命和事奉都最能見到同一力量者，最後是獨自和幽暗地死在十字架上。在新約沒有任何地方是有這樣的指明，讓那些跟隨祂的腳蹤者應該期待他們可以得到其他或更好的東西。聖靈改變生命和羣體的能力，基本上是生命的能力，而這是按照人性體現在歷史中，作為神聖的愛的力量，這愛是尋求他人的好處，即使是以它被否定甚至死亡為代價。

不過，這樣無懼的捨己，較像是發生在生命的許多盼望在其上已有之處。[41]本書大部分讀者所生活的社會，在其中對死亡和遺失的懼怕緊扣了大部分人的潛意識，而且在其中自我提升的意識型態，以及人為地刺激渴望「現今凡事更好」主宰了我們的世界觀，我們的實際次序，以及我們對生命最終的意義和目的之理解。「凡事更好」的渴望，並非必定會剛愎自用的。它可以被視為是對這世界的美好有一個合理的承認，那是我們之前談過的，雖然它可以發展成為一個不健康的沉溺，不能得到滿足，那是一種發展，在其中某些人(在「市場」這個道德複雜力量的關係中)在灌輸繼而剝削中獲取既得利益。大概沿著這條路，我們已經變成不問是非的消費者，而且看不見真正的滿足是來自限制我們的消耗，以及與他人分享我們所擁有的，這樣的安排是讓給予者與接受者都有益，在不同和意外的方式中得著祝福。

對於「現在有更多」的期待，清楚有別於它的假設，認為某一個體應該需要或能夠為他們自己或家人的好處而積聚更多，相對而言不必關心對其他人的衝擊損失。個人自由的意識形態在此選擇以自私的漠不關心來沾污公眾的利益，並且積累負責和死亡的螺旋循環。當然，事實上這一生真的資源有限。因此，假如有一個人得了更多，那麼另一個人就會得到更少。決定於整體實際上有多少，這樣的意思可以是某些人(或許有許多)將會擁有少過他們為了享受甚至是一個基本像樣和人道的生活標準所需要的，而其他人卻膨漲自己過量，並且儲存遠多過後來的耗費。這不用一個火箭科學家去做，即使某些經濟學者和政治學者似乎不能或不願考慮它的真相。

我們非常留意這種情況，在實際的事例中，這種不平等在我們的世界中彰顯出來。在「已發展」國家的社會中，富人與窮人之間的財富、資源和機會的不公平分配，以及「已發展」國家與「發展中」國家之間的差距，對許多人來說都不新穎，並且顯然會變得更差，而不是更好。還有許多其他的、相當不同的、不公平的例子，從我們的日報中可以找出大量的故事。不管它是勢力、金錢、機會、教育、土地、石油、食物、衣服和庇護、健康狀況或其他；承認有許多東西要分配，墮落人類的本能似乎是盡可能抓住我們可以得到的最好東西，在它仍然可以得到之時，不論在奔馳中我們可能踐踏誰。在某程度上，我們認為這是我們的「權利」，只要我們這樣做是沒有破壞任何法律關卡。

諷刺的是，事實似乎是我們擁有更多，我們就更強烈地屈服於這個衝動(那些只有少量的人，往往是最寬宏地分享)，而且我們更多想我們需要和預備去為自己而抓住。當然，有些人經常協助那些有缺乏和需要的人；不過，通常一次交易會讓「有錢人」最終得益(多過是一次公義的行動)，以及受惠於奴役和毀滅的利率。這等基礎性和制度化的自我中心和不公義，難免導致衝突和暴力。那些看不到即使他們擁有的少量東西已經逐漸撕毀的人，也肯定從他們的微弱理解中得知，而那些擁有最多的人卻甚至不能開始關心沒有那麼多者，並且決定不惜代價地緊握它。現今在我們的世界中，約有四億五千萬人口沒有足夠食物供養自己和家庭食用。在我們世界最貧窮的國家中，對最富有者的負債陷於逐漸下沉的螺旋循環中。這些是一個模式的宏觀例子，在我們一生中，許多本地情況以不同方式複製。或遲或早在這樣的環境中，某些人將會憑肉體的力量作為防衛他們利益的手段，而然後暴力的螺旋循環會導致毀滅解開。

我們在此的論點，不是要提倡另一套社會、政治和倫理的策略；不是因為福音沒法對此有所貢獻，而只是因為我們的空間有限。我們當前的目標必然是較少雄心的；那就是，指出在我們上文所述的與對死亡的畏懼之間，是有重要的聯繫。死亡的力量不只是導向死亡，而是從其奴役中取得它們的許多力量。死亡掠走我們的一切，或快或慢，那是任何在此生中的美好東西(正如釋放我們脫離這痛苦)，並且「因著我們知道我們都要死亡，我們不能從活著中得到足夠的東西。」[42]我們為更多的東西而掙扎，因為我們懼怕這就是一切，而那是不足以滿足我們自己的無窮慾望，更不必說是足夠分配了。這樣的缺乏，足以導致瘋狂地爭取權力和影響。結果，這一切造成了對於我們在生命掙扎中的競爭者的懼怕和疑惑，並且培養了對於那些在這場掙扎中不大成功者的忿恨和侵略。不公義生產了暴力，導致死亡。不過，不公義本身是死亡的產物，而它最後只能被生命的盼望在它的一切完滿中救贖。

正是惟獨這個盼望，由聖靈的臨在所燃點，成為生命的賜予者，而且注目在復活和永生的確定盼望中，那是可以拯救我們脫離造成不義和暴行的懼怕和焦慮的境況。貪求生命是由於喜愛生命而變成生命被死亡的恐懼所限制。但是，這個恐懼一旦被移走，我們就從我們的屬地物質成為的安全氈得到釋放，然後我們可以讓步給我們的共同好處(即使是我們的生命本身)，毫不懼怕我們將會在這樣做時有所失去。若是有這些事情而沒有這個盼望，就是被一個永遠不能滿足的欲望所困擾。若是要有盼望，並且經驗到它的能力的真實性，那是在聖靈裏通過上帝臨在我們中間，這是已經認識一個知足樂事，而它無疑不會低估這等世俗事物的好處，並且享受它們，卻是知道它們是即將來臨的生命之完滿最蒼白的暗示，而那生命是沒有缺乏的，足以享有一切。

耶穌說：「你們要先求他的國和他的義，這些東西都要加給你們了。」活出你的生命，與上帝盼望的長遠範圍一致，而不只是尋找短期的回報，並且為了保證它們而作出不正當的投資。尋找與上帝的公義一致的東西。抗拒死亡的力量，不論你是在何地和何時找出它們，不論是在你自已裏面或在世界中。以愛和自我犧牲的力量來擊敗它們，那是源自聖靈的臨在，也是祂的活動的標誌。通過這等辨別和抗衡的行動，罪惡和死亡的螺旋循環可以被顛倒和打破，並且生命的更新力量得以釋放進入世界。[43] 這類「屬靈戰爭」是極其重要的，不是為了產生條件給新創造，而是為了重視在這個世界中為其目的而有的生命，即使諷刺的是，那是某些超越這個世界讓我們自由去做的事情。

這為我們留下了甚麼？假如我們轉向聖經尋求指引，我們就會清楚見到，基督徒的生命是要成為一個活得有期待的人；活在每一天，就是說，預期應許終局和凡事實現。在耶穌的教訓中，重點是在於預備的迫切，以及終局實際來臨的突然性。「所以，你們要警醒，因為不知道你們的主是那一天來到。……你們也要預備，因為你們想不到的時候，人子就來了。」[44]要點不是鼓勵迷戀於徵象和前兆，讓人可以穿越歷史，得到那一天那一刻的精確(因而是遠不正確的)預期。耶穌的話語也不是要被視為批准不理這個世界所關心的事，為的是讓我們在「屬靈上」預備某些即將發生的神聖管理伴隨著歷史的物質外觀。正好相反，如同我們已經見過，耶穌在腦海中的預備是非常此世性的；新創造的臨在已經在舊創造的形式之下，所認定的不是在於神秘的熱情或某些從世界而來的淨化分配，而是確實在世界的激烈參與中，藉著這一切導致的神聖公義、和平與生命的主動而淨化它。教會不是屬這個世界的，因為它的中心及其真正子民都是在於別處，在上帝所應許的未來中；然而，它是被呼召為在這個世界中，並且重視這個世界，在超越歷史的亮光中活出歷史。在耶穌教導中的迫切記錄反映了一個事實，不論時間還餘多久，那目標還是需要我們的一切力量和行動的。這是一個責任，而且不是一個隨意的選項。它是作為基督徒(上帝的基督的一個跟隨者)的核心意義。

在撰寫本書時，媒體一直有許多討論，關於如何最佳地慶祝千禧年的來臨。在我們說過關於我們所處於作為一個社會和一個民族的狀況的境況中，可以詢問哪一種慶典是適當可做的事情。當然每一個人都像是一個派對，而且慶祝是有助我們暫時不受制於螺旋循環的力量，讓我們不再陷於失望之中。然而，是否每一個人真的疑惑那境況的色彩和刺激，將會隨著一種泄氣的強烈感覺，作為在真實世界再次臨到我們的生命實況嗎？我們將會有任何屬靈的資源，去面對晚上之後的早晨嗎？或那是一個我們可以合理地期待應有的遺物？不只一個非基督徒評論者提過，為了讓我們在基督誕生週年紀念時歡樂，似乎已經讓人厭惡地用了太多精力和金錢，而同時在我們的世界中卻有許多迫切優先的事情。這不只是令人掃興的態度，更是一個對於我們所處的狀況和基督教福音的中心的嚴肅反省，而且我們應該感激，因為那些在基督教羣體之外的人是能夠認清和提醒我們某些事情，以免我們有忘記的危機。一個世俗的國土不必被預期超越試探去嘗試創造一個「持久的」紀念碑(不管如何低俗)來記錄它的成就，以及在其中對它的市民激起「感覺舒暢的因素」；不過它肯定是基督教會必須在日曆上以別的方式註明這一點嗎？

建議教會應該集中在「悔改」的主題上，作為一個恰當的方式進入它歷史的下一個千年，就像是接受某些人所指的，即使是在二千年後，基督徒仍然不知道如何擁有一段美好時光，或享受生命！不過，假如悔改是正確的想法，不只是一種對過去失敗的悔改態度，而是作為我們自己在面對生命挑戰時不足的新穎承認，那是到上帝面前的一個邀請，祂是生命的惟一根源，在它的一切豐盛中，藉著祂的臨在和活動，臨到和改變我們的生活，從而有意識地主動轉離死亡之途，擁抱新的生活方式，那麼「生命」是在那裏，如何和被誰「享受」的問題，是要廣泛地重新考慮，而不是回答。那是只有藉著這等慎重地重新調整我們生活和優先的焦點，把它們聯於上帝所做並在我們裏面的事情和旨意，那是前進的可能性(藉著生命戰勝死亡)要有的。要發現這一點，並且按照它行事，活出盼望。另一個選擇卻是絕望，那是由不止同一引起的。

那麼，在歷史的這個獨特時刻，當世俗的盼望來源已經枯萎死亡時，教會的角色又是甚麼？假如我們真的是對著上帝救贖目標的普世領域，那麼我們就不會滿足於轉往內在，並且耗費我們所有精力在肯定身分是(就世界而論)神秘和無關的活動上。然而，我們不能容許世界，或甚至是它的需要，決定了我們的議程，否則我們就會很快放下我們作為基督跟隨者的身分，而且是以一個相當不同卻照樣不對題的可咒方式來責備自己。然而，只要我們真誠對待基督教信仰和門徒訓練的終末性層面和向度，這樣把身分和關聯作出兩極化就是不必的。只要我們活得有盼望，那盼望是由聖經的想像性材料所決定的，投放於把耶穌從死裏復活和愛惜生命的上帝，祂也開啟了聖靈的無限可能性，而且聖靈的領域是在未來，那麼我們就會真正**成為**教會，那是教會不曾有過的樣子。換言之，我們**在**世界將會有位置，實際上卻是不**屬**這世界的，其子民在此生中有這把握，可是他們的眼光卻定睛在它之後的視野，而且他們成為社會的榜樣，在此生中活得有盼望，即使當盼望看來是無望之時。當然，在這樣做之中，我們不會拯救了世界。只有上帝可以這樣做。不過，我們將會忠於我們作見證的最初呼召，而且呼召世界返回一個信念，就是在上帝裏惟獨因祂而對未來有真盼望。

註釋

1 Matt Redman, 'Now to live the life,' 摘引自唱片集 *Intimacy*, Survivor

Records, 1998。

2 Peter Atkins, *Creation Revisited* (Harmondsworth: Penguin, 1994), 23.

3 參本書第三章。

4 參 John Baillie, *And the Life Everlasting* (London: Oxford University Press, 1934), chapters 1 and 2。

5 參 Jürgen Moltmann, *God for a Secular Society: The Public Relevance of Theology* (London: SCM Press, 1999), 88～91。

6 Horace Shipp, *The Italian Masters, a Survey and Guide,* 79（見於 Baillie, *And the Life Everlasting,* 12）。

7 例如，參 *Phaedo* 64，見於 Loeb Classical Library Vol. 36, 229, 223。

8 林後五6、8。

9 *The Methodist Hymn Book* (London, 1933), No. 658.

10 參 'How Apocalypticism Constrains God's Future: Toward an Evolutionary Eschatology,' in *Dialog,* Vol. 37.4 (Fall 1998): 271。

11 Nessan, 272.

12 這樣的區分是十分有用的，例如 Baillie, *And the Life Everlasting*, 28。

13 George Steiner, *In Bluebeard's Castle or Some Notes Towards a Redefinition of Culture* (London: Faber, 1971), 56.

14 Charles Mackay, *Memoirs of Extraordinary Popular Delusions and the Madness of Crowds* (London, 1852), 257；引自 Damian Thompson, *The End of Time: Faith and Fear in the Shadow of the Millennium* (London: Random House, 1997), 36。

15 Thompson, *The End of Time*, 36.

16 Marilyn Ferguson, *The Aquarian Conspiracy: Personal and Social Transformation in the 1980s* (London: Paladin, 1982), 24～25。粗體字原文為斜體。

17 參上文，第二章。

18 創一10、12、18、21等。

19 Moltmann, *The Coming of God*, 50.

20 Steiner, *In Bluebeard's Castle*, 48.

21 參 Richard Bauckham, 'Universalism: a Historical Survey,' in *Themelios* 4: 2 (1979)。

22 Immanuel Kant, *Religion within the Boundaries of Mere Reason and Other Writings* (Cambridge: Cambridge University Press, 1998), 86.

23 Kant, *Religion within the Boundaries*, 136.

24 參 Kant, *Religion within the Boundaries*, 204～205。這論點在康德的第二批判中更完整地闡述。

25 例如，參如下的說法：「此外，它從未被認為是明智的去鼓勵有這樣一種信心狀況，卻是更有利於(為了道德規範)去『以**驚懼**和**戰兢**來活出一個人的救恩』(這是一種艱難的說法，假如誤解，可以驅使人進入最壞的熱忱)」(85)。「牧師在那些人生命結束時被喚來的目的，通常是為了在他裏面找到安慰。……

然而，在這時候，意識應該更被**激起**和**尖銳化**，為的是做任何美好的事情，或任何還沒有處理（修補）的過去惡事的結果，那是不可以忽略的。……可是反而對意識施以麻醉，這樣是宣判了對於人類作為自己及那些讓他存活的人的罪行，並且完全違反了在生命結束時對於良知給予這等支持的目的，而那是必須的」(93, n.)。

26 參 Moltmann, *The Coming of God*, 55～56。

27 爾斯金（Thomas Erskine of Linlathen）致魯德福男爵（Lord Rutherford）的一封信函，1853年11月8日。

28 參 Steiner, *In Bluebeard's Castle,* 40～41。康德所說的「刺激」(incentive)，斯坦納認為是一個支離破碎的心理負擔，他相信，那是在於現代西方努力擺脫不只是上帝，更是祂所要求的終極人類負擔者（猶太人）。假如這真的是上帝對聖潔要求的諷刺結果，它的惟一選擇是適當地承認那要求是等同於一個應許，而且在舊約中並不少於新約。

29 H. H. Farmer. 參例如 *Revelation and Religion* (London: Nisbet, 1954), Chapter VII。另參 Christopher Partridge, *H. H. Farmer's Theological Interpretation of Religion: Towards a Personalist Theology of Religions* (Lampeter: Edwin Mellen, 1998), 284f.。

30 參上文的第五章。

31 然而，近期有一段論述堅稱應該是以此方式處理形像，參 Moltmann, *The Coming of God*, chapter III，特別是頁192f.。

32 R. Bauckham, *The Theology of the Book of Revelation*, 7～8.

33 A. Wilder, *Theopoetic: Theology and the Religious Imagination* (Philadelphia: Fortress Press, 1976).

34 參 Moltmann, *The Coming of God*, 22。

35 J. Moltmann, *The Spirit of Life* (London: SCM Press, 1992), 155.

36 約三3、6。

37 例如，參林前十二10。

38 參約一13。

39 Tom Smail；參Tom Smail, Andrew Walker and Nigel Wright, *Charismatic Renewal: The Search for a Theology* (London: SPCK, 1995), 12。

40 關於這一方面，參 Smail, *Charismatic Renewal*, 58f.。

41 下文所述主要是受惠於一篇在聖安德烈堂（St Andrews Episcopal Church, St Andrews）宣講的講章，時為1997年6月，由莫特曼教授宣講，講題為 'There is enough for everyone'。

42 Moltmann, 'There is enough for everyone.'

43 關於這一點，參 Walter Wink, *Engaging the Powers: Discernment and Resistance in a World of Domination* (Philadelphia: Fortress Press, 1992)。

44 太二十四42、44。

跋

盼望像未來的小孩

法國天主教詩人佩吉（Charles Péguy）在一個不論對政治發展或個人生活都充滿絕望的時代中，寫下了他的神學性長詩《盼望的奧秘之門》（*The Portal of the Mystery of Hope*, 1911）。在詩中，他把那盼望描繪成一個小女孩，無疑是在於這時候只有他的孩子可以為他的生命賦予意義。無論還有甚麼叫人絕望的事，事實上，每一個人都在為他們的孩子而工作。小孩子是未來盼望的自然象徵，即使或許再沒有其他盼望的原因。「故此，毫無例外地，全世界都在為像小女孩的盼望（the little girl hope）而工作。」[1]

雖然小孩子或許是盼望的一個自然記號，盼望卻不是自然的。在面對著一個黑暗的未來而撰寫時，佩吉認為盼望是一個令人驚訝的神蹟；相比之下，其他兩個神學德行——信心和愛心（慈愛）——似乎卻是明顯和實際可以期待的。信心所見的只是（在時間和永恆中的）上帝和創造。慈愛所愛的只是（在時間和永恆中的）上帝和其鄰舍。然而，盼望所見和所愛的卻是在時間和永恆中的東西。

> 盼望看見還未出現和將會出現的東西，
> 她愛的是還未出現和將會出現的東西。
> 在未來的時間和永恆裏。[2]

讓人驚訝的是，人們見到東西在今天如何運作，就會盼望事物在明天會更好，甚至使它讓上帝詫異。[3]佩吉動人地像上帝所說：「我不能把它忘懷。」[4]然而，驚奇的是上帝的作為，那是祂的恩典最卓越的果子。

或許是時候讓佩吉那個象徵盼望的小孩來到了。現代進步的意識形態有相當長時間是把盼望描繪成「長大」，就像是人性成熟的勝利，要把它的命運掌握在自己的手中，為它自己創造未來。這個異象在最近轉而抗拒盼望，彷彿成熟的人性已經變成更像一隊野蠻的軍隊，以堅毅的決心邁向征服未來，蹂躪路上的一切，前進只在於它掌握了毀滅的更有力和更精密的工具。現代的盼望事業可以從絕望中被救贖出來嗎？或許只有藉著佩吉像小女孩的盼望，他把盼望描繪成是在她「兩個姊姊」(信心和慈愛) 中間，懸排於她們的膀臂搖擺，正如一般小孩所做的。她是那麼微小，她彷彿是被帶著而沒有能力走路一般。事實上，她是被兩個姊姊驅動著的。[5]她十分年青，沒有成熟的誘惑和邪惡，它盲目於自身的限制；它自身的傲慢。她像小孩一般滿懷相信，總是搖晃在別人的膀臂中，然而事實上，她所完成的，遠多於旁觀者所能想像的。佩吉宣稱，正是這個像小女孩的盼望，讓全世界在工作著。

盼望不會長大。在一個所有盼望都凋謝和失落的時代中，可以說是為盼望而盼望。但盼望必定經常再生：「像小女孩的盼望，她永遠都在開始。」[6]

註釋

1 C. Péguy, *The Portal of the Mystery of Hope* (tr. D. L. Schindler, Jr; Grand Rapids: Eerdmans, 1996), 22.

2 Péguy, *The Portal*, 11～12.

3 Péguy, *The Portal*, 6.

4 Péguy, *The Portal*, 7.

5 Péguy, *The Portal*, 12.

6 Péguy, *The Portal*, 23.

主題索引

十劃

十一劃

十二劃

十三劃

十五劃

十六劃

十八劃

二十四劃

人名索引

二劃

四劃

五劃

六劃

七劃

八劃

九劃

十劃

十一劃

十二劃

十三劃

十四劃

十五劃

十六劃

十七劃

十八劃

十九劃

二十劃